中国非洲研究院文库·学术译丛

塞泽尔与桑戈尔
横跨大西洋的桥梁

Césaire et Senghor.
Un pont sur l'Atlantique

［比利时］利利安·凯斯特鲁（Lilyan Kesteloot）／著

王吉会 ／译

中国社会科学出版社

图字：01-2022-0095 号

图书在版编目（CIP）数据

塞泽尔与桑戈尔：横跨大西洋的桥梁/（比）利利安·凯斯特鲁著；王吉会译． —北京：中国社会科学出版社，2024.1

（中国非洲研究院文库．学术译丛）

ISBN 978-7-5227-2619-9

Ⅰ．①塞…　Ⅱ．①利…②王…　Ⅲ．①黑色人种—文化史—研究—非洲、美洲—1932-1960　Ⅳ．①G140.9②G170.9

中国国家版本馆 CIP 数据核字（2023）第 184703 号

Copyright © L'Harmattan
5-7, rue de l'École-Polytechnique, 75005 Paris
www.editions-harmattan.fr

出 版 人	赵剑英
责任编辑	范晨星
责任校对	周　昊
责任印制	王　超

出　　版	中国社会科学出版社
社　　址	北京鼓楼西大街甲 158 号
邮　　编	100720
网　　址	http://www.csspw.cn
发 行 部	010-84083685
门 市 部	010-84029450
经　　销	新华书店及其他书店

印　　刷	北京君升印刷有限公司
装　　订	廊坊市广阳区广增装订厂
版　　次	2024 年 1 月第 1 版
印　　次	2024 年 1 月第 1 次印刷

开　　本	710×1000　1/16
印　　张	15.25
插　　页	2
字　　数	206 千字
定　　价	78.00 元

凡购买中国社会科学出版社图书，如有质量问题请与本社营销中心联系调换
电话：010-84083683
版权所有　侵权必究

《中国非洲研究院文库》编委会名单

主　任　蔡　昉
编委会　（按姓氏笔画排序）
　　　　　王　凤　　王林聪　　王启龙　　安春英　　邢广程
　　　　　毕健康　　朱伟东　　李安山　　李新烽　　杨宝荣
　　　　　吴传华　　余国庆　　张永宏　　张宇燕　　张忠祥
　　　　　张振克　　林毅夫　　罗建波　　周　弘　　赵剑英
　　　　　姚桂梅　　党争胜　　唐志超　　冀祥德

充分发挥智库作用　助力中非友好合作

——《中国非洲研究院文库总序言》

当前，世界之变、时代之变、历史之变正以前所未有的方式展开。一方面，和平、发展、合作、共赢的历史潮流不可阻挡，人心所向、大势所趋决定了人类前途终归光明。另一方面，恃强凌弱、巧取豪夺、零和博弈等霸权霸道霸凌行径危害深重，和平赤字、发展赤字、治理赤字加重，人类社会面临前所未有的挑战。

作为世界上最大的发展中国家，中国始终是世界和平的建设者、国际秩序的维护者、全球发展的贡献者。非洲是发展中国家最集中的大陆，是维护世界和平、促进全球发展的重要力量之一。在世界又一次站在历史十字路口的关键时刻，中非双方比以往任何时候都更需要加强合作、共克时艰、携手前行，共同推动构建人类命运共同体。

中国和非洲都拥有悠久灿烂的古代文明，都曾走在世界文明的前列，是世界文明百花园的重要成员。双方虽相距万里之遥，但文明交流互鉴的脚步从未停歇。进入21世纪，特别是中共十八大以来，中非文明交流互鉴迈入新阶段。中华文明和非洲文明都孕育和彰显出平等相待、相互尊重、和谐相处等重要理念，深化中非文明互鉴，增强对彼此历史和文明的理解认知，共同讲好中非友好合作故事，为新时代中非友好合作行稳致远汲取历史养分、夯实思想根基。

中国式现代化,是中国共产党领导的社会主义现代化,既有各国现代化的共同特征,更有基于自己国情的中国特色。中国式现代化,深深植根于中华优秀传统文化,体现科学社会主义的先进本质,借鉴吸收一切人类优秀文明成果,代表人类文明进步的发展方向,展现了不同于西方现代化模式的新图景,是一种全新的人类文明形态。中国式现代化的新图景,为包括非洲国家在内的广大发展中国家发展提供了有益参考和借鉴。近年来,非洲在自主可持续发展、联合自强道路上取得了可喜进步,从西方眼中"没有希望的大陆"变成了"充满希望的大陆",成为"奔跑的雄狮"。非洲各国正在积极探索适合自身国情的发展道路,非洲人民正在为实现《2063年议程》与和平繁荣的"非洲梦"而努力奋斗。中国坚定支持非洲国家探索符合自身国情的发展道路,愿与非洲兄弟共享中国式现代化机遇,在中国全面建设社会主义现代化国家新征程上,以中国的新发展为非洲和世界提供发展新机遇。

中国与非洲传统友谊源远流长,中非历来是命运共同体。中国高度重视发展中非关系,2013年3月,习近平担任国家主席后首次出访就选择了非洲;2018年7月,习近平连任国家主席后首次出访仍然选择了非洲;6年间,习近平主席先后4次踏上非洲大陆,访问坦桑尼亚、南非、塞内加尔等8国,向世界表明中国对中非传统友谊倍加珍惜,对非洲和中非关系高度重视。在2018年中非合作论坛北京峰会上,习近平主席指出:"中非早已结成休戚与共的命运共同体。我们愿同非洲人民心往一处想、劲往一处使,共筑更加紧密的中非命运共同体,为推动构建人类命运共同体树立典范。"2021年中非合作论坛第八届部长级会议上,习近平主席首次提出了"中非友好合作精神",即"真诚友好、平等相待,互利共赢、共同发展,主持公道、捍卫正义,顺应时势、开放包容"。这是对中非友好合作丰富内涵的高度概括，是中非双方在争取民族独立和国家解放的历史进程中培育的宝贵财富，是中非双方在发展振兴和团结协作的伟大征程上形成的重要风范，体现了友好、平等、共赢、正义的鲜明特征，是新型国际关系的时代标杆。

随着中非合作蓬勃发展，国际社会对中非关系的关注度不断提高。一方面，震惊于中国在非洲影响力的快速上升；一方面，忧虑于自身在非洲影响力的急速下降，西方国家不时泛起一些肆意抹黑、诋毁中非关系的奇谈怪论，诸如"新殖民主义论""资源争夺论""中国债务陷阱论"等，给发展中非关系带来一定程度的干扰。在此背景下，学术界加强对非洲和中非关系的研究，及时推出相关研究成果，提升中非双方的国际话语权，展示中非务实合作的丰硕成果，客观积极地反映中非关系良好发展，向世界发出中国声音，显得日益紧迫和重要。

以习近平新时代中国特色社会主义思想为指导，中国社会科学院努力建设马克思主义理论阵地，发挥为党和国家决策服务的思想库作用，努力为构建中国特色哲学社会科学学科体系、学术体系、话语体系作出新的更大贡献，不断增强我国哲学社会科学的国际影响力。中国社会科学院西亚非洲研究所是遵照毛泽东主席指示成立的区域性研究机构，长期致力于非洲问题和中非关系研究，基础研究和应用研究双轮驱动，融合发展。

以西亚非洲研究所为主体于2019年4月成立的中国非洲研究院，是习近平主席在中非合作论坛北京峰会上宣布的加强中非人文交流行动的重要举措。自西亚非洲研究所及至中国非洲研究院成立以来，出版和发表了大量论文、专著和研究报告，为国家决策部门提供了大量咨询报告，在国内外的影响力不断扩大。遵照习近平主席致中国非洲研究院成立贺信精神，中国非洲研究院的宗旨是：汇聚中非学术智库资源，深化中非文明互鉴，加强中非治国理政和发展经验交流，为中非和中非同其他各方的合作集思广益、建言献策，为中非携手推进"一带一路"高质量发展、共同建设面向未来的中非全面战略合作伙伴关系、构筑更加紧密的中非命运共同体提供智力支持和人才支撑。

中国非洲研究院有四大功能：一是发挥交流平台作用，密切中非学术交往。办好三大讲坛、三大论坛、三大会议。三大讲坛包括"非洲讲坛""中国讲坛""大使讲坛"，三大论坛包括"非洲留学生论坛""中非学术翻译论坛""大航海时代与21世纪海峡两岸学术论坛"，三大会议包括"中非文明对话大会""《（新编）中国通史》和《非洲通史（多卷本）》比较研究国际研讨会""中国非洲研究年会"。二是发挥研究基地作用，聚焦共建"一带一路"。开展中非合作研究，对中非共同关注的重大问题和热点问题进行跟踪研究，定期发布研究课题及其成果。三是发挥人才高地作用，培养高端专业人才。开展学历学位教育，实施中非学者互访项目，扶持青年学者和培养高端专业人才。四是发挥传播窗口作用，讲好中非友好故事。办好中国非洲研究院微信公众号，办好中英文中国非洲研究院网站，创办多语种《中国非洲学刊》。

为贯彻落实习近平主席的贺信精神，更好汇聚中非学术智库资源，团结非洲学者，引领中国非洲研究队伍提高学术水平和创新能力，推动相关非洲学科融合发展，推出精品力作，同时重视加强学术道德建设，中国非洲研究院面向全国非洲研究学界，坚持立足中国，放眼世界，特设"中国非洲研究院文库"。"中国非洲研究院文库"坚持精品导向，由相关部门领导与专家学者组成的编辑委员会遴选非洲研究及中非关系研究的相关成果，并统一组织出版。文库下设五大系列丛书："学术著作"系列重在推动学科建设和学科发展，反映非洲发展问题、发展道路及中非合作等某一学科领域的系统性专题研究或国别研究成果；"学术译丛"系列主要把非洲学者以及其他方学者有关非洲问题研究的学术著作翻译成中文出版，特别注重全面反映非洲本土学者的学术水平、学术观点和对自身发展问题的见识；"智库报告"系列以中非关系为研究主线，中非各领域合作、国别双边关系及中国与其他国际角色在非洲的互动关系为支撑，客观、准确、翔实地反映中非合作的现状，为新时代中非关系顺利发展提供对策建议；"研究论丛"系列基于国际格局新变化、中国特色社会主义进入新时代，集结中国专家学者研究非洲政治、经济、安全、社会发展等方面的重大问题和非洲国际关系的创新性学术论文，具有基础性、系统性和标志性研究成果的特点；"年鉴"系列是连续出版的资料性文献，分中英文两种版本，设有"重要文献""热点聚焦""专题特稿""研究综述""新书选介""学刊简介""学术机构""学术动态""数据统计""年度大事"等栏目，系统汇集每年度非洲研究的新观点、新动态、新成果。

期待中国的非洲研究和非洲的中国研究在中国非洲研究院成立新的历史起点上，凝聚国内研究力量，联合非洲各国专家学者，开拓进取，勇于创新，不断推进我国的非洲研究和非洲的中国研究以及中非关系研究，从而更好地服务于中非高质量共建"一带一路"，助力新时代中非友好合作全面深入发展，推动构建更加紧密的中非命运共同体。

中国非洲研究院
2023 年 7 月

前　言

本书汇集了不同杂志上已经发表的和未曾发表的关于桑戈尔和塞泽尔两位诗人的文章，那么为何要出版这样一本文集呢？两位诗人一位来自塞内加尔，一位来自安的列斯群岛，将如此的两个人放在一起有何特殊意义吗？

今年是 2006 年，恰逢利奥波德·塞达尔·桑戈尔（Léopold Sédar Senghor）诞辰百年，回顾其作品的意义之大自不必说，然而塞泽尔（Aimé Césaire）的重要性又何在呢？

我们认为，让二人联袂出场非常重要，其背后有着十分充分的理由。

首先，他们是"黑人精神"（Négritude）运动的两位领袖，而这一运动是非洲黑人书面文学的起源，将他们一同介绍会让人想起今天容易被世人忘记的甚至被隐藏的一段历史：1932—1960 年非洲和美洲的黑人知识分子反对种族主义、种族隔离和殖民化的运动。

当时，人们目睹了真正的共同阵线的形成，这一时期诞生了《非洲存在》杂志（*Présence africaine*）（1947 年），建立了非洲存在出版社，出版了《黑人诗人和马达加斯加诗人新诗选集》（*Anthologie de la nouvelle poésie nègre et malgache*）（1948 年），非洲文化协会（Société africaine de culture）在巴黎（1956 年）和罗马（1959 年）组织了两届国际黑人作家、艺术家大会。

大西洋上一座无形的桥梁横空出世，连接起非洲和大洋另一侧的黑人，来自世界各地的黑人知识分子从此觉醒，开始思考自己的命运。

其实早在1935年，塞泽尔和桑戈尔就与雷翁·达马斯（Léon Damas）等朋友开始建设这座桥梁，他们创办了一份杂志《黑人大学生》（Etudiant noir），完全打破了安的列斯群岛人和非洲人的界线，他们开始研究美国的黑人问题（私刑、种族隔离）和非洲的种族隔离问题（埃塞俄比亚战争、殖民）。

从那些年开始，他们提出口号，促使人们思考，"黑人精神"[①]的定义、要求和行动模式应运而生。

这场运动的声势不断扩大，在第二次世界大战后更是风起云涌，演变成为争取独立而进行的真正的斗争。

我们曾在《法语黑人作家》（Les écrivains noirs de langue française）（1961年）中对这段历史进行过粗略的描述，而在此，我们试图通过汇总的文章进一步阐明这段历史研究中的某些观点。

我们选取了从20世纪60年代至今的一些观点甚至某些争议问题来进行讨论，其中包括：

——对于"黑人精神"概念的思考。在这一问题上，塞泽尔着眼一些基本问题，而桑戈尔则偏重文化研究。这方面的研究从未终止，虽然"黑人精神"概念在20世纪70年代前后受到过严厉批判。（见下文对塞泽尔的访谈）。

——塞泽尔的超现实主义作品引发的问题。他的作品先是在法国的共产主义同志中间引发了争议，而后受到那些还不甚了解"黑人精神"概念的非洲读者的怀疑。

——桑戈尔投身法语国家与地区组织的工作，而人们觉得他的

[①] 在学界亦被译为"黑人性"或"黑人特性"。——译者注

这一决定与他对"黑人精神"的态度背道而驰。

——塞泽尔在自己的国家与克里奥尔主义者之间出现了意见分歧，后者在"黑人精神"问题上把安的列斯群岛特性与克里奥尔特性对立起来，因为他们认为"黑人精神"过于强调非洲。

——不过，来自欧洲的另一股思想潮流试图否定将黑非洲文学与独立后新国家的各民族文学融合的设想。

以上这些敏感的话题在美、欧、非三大洲都成为人们激烈辩论的主题。

最重要的是，其结果是有意或无意地分裂了原本统一的东西：不仅大西洋上的桥梁在很大程度上断裂了，而且安的列斯群岛人的内部也出现了隔阂，非洲人分裂成为"民族主义者"、"非洲主义者"、居住在法国的北非移民、出生在法国的城市黑人。当然，我们这里只谈作家群体。

但这与当时的大背景不无关系：受到各种影响，原来统一的非洲出现了分裂。

今天，我们制定各种新的策略以重新弥补这一分崩离析的现状，将美国大学的非洲—美洲裔学者提出的理论、非洲统一组织的几位总统提出的非洲复兴思想重新与"大民族论"结合起来。

我们后来知道，"黑人精神"在政治维度上具有不容忽视的重要意义，它强化了泛非主义，为其提供了肥沃的土壤，非洲黑人为维护自己的身份、平等权和发展权而进行的集体斗争得以在这片沃土中生根发芽。

因此，当"黑人精神"受到破坏并因此变得失去效力时，更加迫切需要在传播类似概念的旗帜下提出其他口号取而代之，以便将分散的非洲能量聚集在一起，包括部落化的能量。这也许是乌托邦，但却是必要的乌托邦！

这便是为什么我们认为有必要回忆，塞泽尔和桑戈尔在创造这个原始的乌托邦概念时，凭着直觉领悟了一切。

塞泽尔自称是黑人和非洲人，这不仅仅是出于历史原因；桑戈尔倡导黑人非洲文明价值观，也不仅仅是出于文化原因。

但是，他们的诗歌、演讲、散文证明了他们对博爱、团结、尊严、正义的要求，他们呼吁采取政治行动。对他们二人，以及阿利乌内·迪奥普（Alioune Diop）及其朋友来说，非洲国家独立浪潮之前流行的"黑色世界"一词指的正是这种统一。

因此，还需要在复杂的世界一体化背景下重新实现黑人世界的团结。这一梦想是否可以实现？必须要相信乌托邦。我们显然无法提供什么灵丹妙药，但我们可以反思这样一个事实，即一场伟大的冒险可以来自相遇、友谊、互补、相互信任。让我们来听听塞泽尔本人是怎么说的吧。

"四十年来，我与利奥波德·塞达尔·桑戈尔生活在两条平行轨道上，我们常常作别——生活就是如此，但我们却从未分开过。的确，我们怎能彼此分开？我们的青春已经融为一体，我们读过同样的书，而且常常是同一册书；我们有着相同的梦想，喜爱同样的诗人，我们曾为同样的焦虑所困扰，特别是我们曾面对同样的问题……我们度过了不平凡的青春岁月……我们曾为同一个问题所煎熬：我是谁？我的本性是什么……这些问题并非形而上学的东西，而是关乎真实的未来生活，关乎要建立怎样的道德规范，关乎需要拯救的人类不同群族。这是一个你我都尝试着去回答过的问题，即'黑人精神'问题"。（欢迎利奥波德·塞达尔·桑戈尔到访马提尼克的致辞，发表在《太阳报》（*Le Soleil*），达喀尔，1976年）

两位杰出且意志坚强的诗人之间的友谊牢不可破，经得起任何风吹雨打。日久见人心，我们来自非洲和安的列斯群岛的很多人都能够证明这一点。

塞泽尔与桑戈尔的友谊建起了横跨大西洋的第一座桥梁，我们看到，尽管时有风暴和地震来袭，这座桥却能始终巍然屹立，直至今日。这得益于巴西最近对非洲（不仅仅只是对于富庶的南非）的关注，得益于谢赫·安塔·迪奥普（Cheikh Anta Diop）对亚特兰大和其他黑人研究部门的教授们的影响，得益于2005—2006年塞内加尔上演的塞泽尔的最令人激情澎湃的剧作《刚果一季》（*Une saison au Congo*）。另外，法语国家与地区国际组织准备在安的列斯群岛举办两次关于桑戈尔的会议，以纪念这位塞内加尔总统的百年诞辰，更是成为巩固这座宏伟桥梁的契机。

这样我们就重新又回到了起点！

最后，请允许我补充一点：这本文集对那些不太了解桑戈尔和塞泽尔的读者或许也会有所裨益，他们从中可以领略这两位最伟大的法语黑人诗人的作品和思想。

利利安·凯斯特鲁
达喀尔黑非洲基础研究所
（l'Institut fondamental d'Afrique noire de Dakar）

目　　录

塞泽尔，非洲同路人 …………………………………………… (1)
跟随国王巡视岛国 …………………………………………… (11)
塞泽尔诗歌中的意象、神话与超现实主义 ………………… (18)
关于塞泽尔的诗歌及其超现实主义的导读课 ……………… (27)
一首诗的炼金术 ……………………………………………… (36)
诗人的追求与怨恨的基础 …………………………………… (44)
塞泽尔接受拉瓦尔大学的采访 ……………………………… (58)
诗人兼政治家塞泽尔 ………………………………………… (63)
重读《我，海带……》 ……………………………………… (70)
诗歌中的塞泽尔与非洲 ……………………………………… (85)
半空的瓶子还是半满的瓶子？ ……………………………… (92)
无疆界的诗人：从故园到全世界 …………………………… (101)
第二次世界大战后背景下桑戈尔的诗选与萨特的序言 …… (112)
"黑人精神"的前世今生 ……………………………………… (123)
21世纪初的桑戈尔、"黑人精神"和法语国家与地区 ……… (129)
桑戈尔与融合理论 …………………………………………… (137)
桑戈尔与节奏 ………………………………………………… (140)
塞内加尔的桑戈尔研究：一段被误解的故事 ……………… (144)
为什么要在法国研究桑戈尔？ ……………………………… (149)

桑戈尔与宗教：矛盾性与双重性……………………（157）
桑戈尔，女人，爱情………………………………………（163）
利奥波德·塞达尔·桑戈尔：非洲黑人文学的
　辩护与证明………………………………………………（171）
关于非洲语言问题对桑戈尔的访谈……………………（179）
非洲民族文学的问题………………………………………（187）

附录　塞泽尔与桑戈尔的作品……………………………（205）
资　料…………………………………………………………（209）

塞泽尔,非洲同路人

人们常常会问我:安的列斯群岛上的人数不胜数,其中不乏在独立前便与非洲知识分子并肩战斗的作家和公务员,为何人们偏偏喜爱塞泽尔(Aimé Césaire)呢?

这其中首先当数《巴图阿拉》(Batouala)的作者勒内·马朗(René Maran),在1921年,全世界的目光都被他吸引到了中部非洲,还有几位曾任国民议会议员的法属殖民地总督:费利克斯·埃布埃(Félix Eboué)、科朗坦(Corenthin)和莉塞特(Lisette),还有曾在非洲工作的保罗·尼日尔(Paul Niger)、居伊·蒂洛里安(Guy Tirolien)、贝尔特纳·朱米耶(Bertène Juminer)、玛丽斯·孔戴(Maryse Condé),以及多桑维尔(Dorsinville)、勒姆瓦纳夫妇(Lemoine)、布里埃(Brierre)、维尔托(Viltord)、舍内(Chenet)、圣维尔(Sainville)、奥维尔(Orville)。众多的人物中我们只是列举了曾经在塞内加尔生活过的几位。

人们对于塞泽尔的这一偏爱如何解释?说来话长,这源于一段漫长的爱的故事,但首先,这是一段关于友谊的故事。

1931年,塞泽尔口袋里揣着他的学士文凭来到巴黎,他得到了一份奖学金,这让他可以继续求学深造。塞泽尔来自安的列斯群岛,他是带着毫不掩饰的喜悦离开那里的。这些安的列斯群岛"从四面八方看都是那样闭塞",人们"听着叫卖声闲逛",脸上露出"言不由衷的微笑"①。对塞泽尔来说，安的列斯人就是他所了解的唯一的黑人种族，他们的历史是奴隶贸易，他们的祖先是甘蔗种植园的奴隶。马提尼克岛是一个由多个阶层组成的殖民地：最顶端是白人——法国人，之后是克里奥尔-贝克人，随后是混血儿，人们的皮肤颜色从上至下由最浅到最深，最底层的是黑人：这俨然构成了一座冷冰冰的社会金字塔。那么非洲是什么样子呢？对他而言，非洲是一片遥远的土地，黑色的土地，野蛮人生活的世界！

塞泽尔在巴黎遇到了桑戈尔。桑戈尔是刚刚从塞内加尔远道而来的大学生，他当时得到了议员布莱斯·迪亚涅（Blaise Diagne）的庇护，他还是西内（Sine）旧贵族的后代……

塞泽尔和桑戈尔很快成为朋友。在毗邻索邦大学的这所光线阴暗的圣路易大帝高中，他们是培养国家精英的重点大学预科班中唯一的两个黑人学生。他们紧张地备考巴黎高等师范学校，二人都对文学、拉丁文和希腊文极为痴迷。

不过，让两人走到一起的并非是希腊语或拉丁语，而是"黑人精神"。需要重新给大家解释一下什么是"黑人精神"吗？塞泽尔认为，所谓"黑人精神"，就是承认作为黑人的事实，以及对这一事实的意义的认识：昔日饱受苦难和屈辱，今天要争取得到作为人的尊重。桑戈尔补充说，"黑人精神"也代表着非洲文明、文化、艺术和历史的价值观，其历史"受到广大非洲艺人的欢呼，而圣路易的高中却都将其关在窗外"。

然而，对塞泽尔来说，"黑人精神"是一种启示，也是一种重生。他回忆说："是桑戈尔告诉了我关于非洲的事，我也将自己视为非洲人。"

---

① 引自塞泽尔的《返乡笔记》（*Cahier d'un retour au pays natal*）（1939 年）。

其实桑戈尔当时只是讲述了他那位地主父亲，以及在若阿勒（Joal）的美丽住所，牛群沉沉酣睡的西内的夜晚，"穿着皇室外套的库穆巴·恩多非纳（Koumba Ndoffène）"和希拉·巴德拉尔（Sira Badral）公主卡本科（Kabunke）："他们杀死了我们的阿尔曼尼，而我们没有受到羞辱。"[①] 桑戈尔讲述了一切：塞内加尔摔跤，四肘高的袖珍女孩，问候，好客，礼貌，敬意，矜持、谨慎。所有这些风俗都与安的列斯人通过当时的图画书想象的野蛮黑人形象截然不同。

与桑戈尔的相识也让塞泽尔找到了自己的血脉之根，使他先于阿莱克斯·海利（Alex Haley）五十年体会到了后者在《根》（Roots）中所描述的那种情形。

所以正如玛丽斯·孔戴所写的那样，她有着"黑人祖先"[②]，甚至可以说，在这片辽阔的大陆上，每个人都拥有黑人祖先，有着代代相传的名字。

国王克里斯托弗一世（Christophe）说："你要知道你的名字在向你发出怎样的召唤。"但是他们往往只有一个名字。塞泽尔，这也是一个名字，这是他一位曾祖母留给自己儿子的名字，而这位老人也只有一个名字，她叫雅克利娜（Jacqueline），仅此而已。

幸亏得到了桑戈尔的启示，塞泽尔才找到了自己的祖先，因为很快他就由桑戈尔开始思考整个民族，思考一个种族，一个群体。这是诗人展现的力量，也是政治家的力量。

> 那些属于我的……我的闭塞的岛屿……群岛……海地……佛罗里达，在这里，一个黑人扼杀了自己；从这里，巨大的非

[①] 引自桑戈尔的《阴影之歌》（Chants d'ombre）。
[②] 玛丽斯·孔戴：《赫尔马克霍恩》（Hérèmankhonon）。

洲延展到欧洲的西班牙脚下……①

就这样，塞泽尔拥有了非洲，与之搭建起一座桥，从此再也无法割舍。首先，他开始从其他非洲人那里了解消息，而不是让自己囿于安的列斯人的圈子里。他如饥似渴地阅读弗罗贝纽斯（Frobenius）、德拉福斯（Delafosse）、格里奥尔（Griaule）、莱里斯（Leiris）的书。他结识了阿里乌内·迪奥普（Alioune Diop）、拉贝马南贾拉（Rabemananjara）、比拉戈（Birago）、达迪耶（Dadié）、蒙戈·贝蒂（Mongo Beti），并于1947年与他们一起创立了一本杂志：《非洲存在》（*Présence Africaine*）。

然而，在他代表马提尼克出席波旁宫的法国国民议会时，他支持所有希望通过谈判改变法属非洲殖民地地位的黑非洲代表，包括桑戈尔、马马杜·迪亚（Mamadou Dia）、乌弗埃（Houphouët）、菲利·达博·西索科（Fily Dabo Sissoko）等非洲民主联盟（Rassemblement Démocratique Africain）的强硬派，以及阿尔布西耶（Arbousier）、奇亚亚（Tchiyaya）、维赞·库利巴利（Ouezzin Coulibaly）、阿皮蒂（Apithy）、莫迪博·凯塔（Modibo Keïta）、拉塞塔（Raseta）②。

尽管不同地区趋势各有不同，但人们可以非常清楚地看出，一股势不可挡的潮流正引领整个讲法语的非洲走向独立。

顺应这一潮流，《非洲存在》杂志积极筹办，黑人作家和艺术家大会于1956年和1959年两次召开。塞泽尔与阿里乌内·迪奥普、桑戈尔、弗朗茨·法农（Frantz Fanon）、切赫·安塔·迪奥普发挥了领导作用。让我们来聆听他演说家的声音，领略他对非洲文

---

① 引自《返乡笔记》。
② 关于这一话题，可以阅读伊夫·贝诺（Yves Bénot）的书《1914—1958年波旁宫的非洲议员》（*Les Députés africains au Palais-Bourbon de 1914 à 1958*），巴黎，Chaka出版社1989年版。

明的信念："非洲文明为全世界创造了黑人艺术和黑人雕塑，非洲文明为政治和社会领域带来了与众不同的群族组织形式，例如乡村民主制、兄弟关系或家庭财产制度，以及许多符合团结互助精神的制度，这是对资本主义的否定。这种文明提供了一种基于尊重生命和融入宇宙的哲学。"他还表示，"对我们黑人文化的人来说，我们的角色……是宣布自由并为迎接人民的自由做好准备……使他们得以发挥天才的创作力。"

三年之后，塞泽尔在第三届黑人作家和艺术家大会上进一步阐明了自己的观点：

> 我们的责任在于，我们的人民若要利用重新获得的自由，很大程度上要依靠我们。这就是我们作为人的职责所在，它比我们个人的职责更加深刻。因为最后，任何文化的人，无论他来自什么国家，无论他属于什么种族，都无法逃避这样一个问题：你在为我们准备什么样的世界？要让人们知道：通过将我们的力量汇聚到为解放被殖民人民的斗争之中，为了人民的尊严、真理和认可而斗争，这样我们最终就是为整个世界而斗争，并将人民从暴政、仇恨和狂热之中解放出来。

相比昨天，我们今天更为震惊，因为我们看到塞泽尔是那样义无反顾地承担起了非洲独立的事业，以及他为之奋斗的决心。安的列斯群岛在当时已成为法国的海外省份，而事实上，这里的人们却并不关心非洲的前途。

奇怪的是，在举行公投问题上塞泽尔同意了戴高乐的意见，这令一些安的列斯群岛人大为不解。

事实上，塞泽尔对于非洲的信心远大于对于安的列斯群岛的信心。他知道他的选民不想冒险独立。塞泽尔从1945年起作为议员在共产党内活动，一直致力于为从前的奴隶争取平等的权利。他最后成功了。

作为法兰西堡（Fort-de-France）市的市长，他努力改变没有下水道、破旧的棚户区遍布的城市现状。帕特里克·沙穆瓦佐（Patrick Chamoiseau）的小说《德士古》（Texaco）真实地展现了塞泽尔为贫民窟人民所做的工作，以及他的援助和建设计划：建学校、妇产医院、食堂、托儿所、药店、医院，塞泽尔最大限度地改善了人们的生活环境。当然他的理智也告诉他，只有依靠法国本土的拨款他才能让马提尼克岛所有的孩子都接受教育，这里还远远无法做到自给自足，马提尼克岛实在太过狭小。

"这些岛屿上飞扬的尘埃。"戴高乐轻蔑地说。这话的潜台词是什么？这些岛屿上飞扬的尘埃，他们甚至不知道如何像塞泽尔一再希望的那样以加勒比联邦形式团结起来，还能指望他们去寻求独立吗？

那么非洲呢？这是一个巨大而有凝聚力的大陆。塞泽尔在那里也间接地经历了非洲激情澎湃的独立。"我看到了你们，马里、几内亚、加纳，坦然地生活在新的阳光之下。"他感觉自己比以往任何时候都更加像一个非洲人，他将非洲描绘成"一颗伟大的充满力量的心"。他与塞库·图雷（Sékou Touré）保持着和桑戈尔一样的关系，和恩克鲁玛（Nkrumah）的关系也如同和卢蒙巴（Lumumba）一样。他也很快便对刚果政治的动荡做出了反应，马不停蹄地写出了《国王克里斯托弗一世的悲剧》（La Tragédie du roi Christophe）和《刚果一季》（Une saison au Congo）。两部剧作都在非洲引起了轰动，《国王克里斯托弗一世的悲剧》甚至引发了海地的独立。塞泽尔为非洲写作，为非洲思考，这部剧作后来成为黑人独立的伟大而痛苦的象征，而塞泽尔也在这部令人敬畏的作品中对非洲发出了警示。非洲人在该作品中看到了自己的身影，这部戏剧也启发了一批新生代剧作家，如贝尔纳·达迪耶（Bernard Dadié）、德尔万（Dervain）、谢赫·阿利乌·恩道（Cheikh Aliou Ndao）、西尔万·本巴（Sylvain Bemba）、索尼·拉布·坦西（Sony Labou Tansi）。

塞泽尔为写《刚果一季》收集了大量资料以便深入研究卢蒙巴和所有刚果的黑人和白人政治人物。他曾亲自联系过让·凡·里尔德（Jean Van Lierde）和卡沙穆拉（Kashamura），他们都是伟大的帕特里斯（Patrice）的朋友和部长。他阅读了所有的新闻，查阅了大量文件，知道非洲这第一次失败后果非常严重，他忧心忡忡，无法排解。

因此，塞泽尔密切关注非洲政治，他把希望在寄托在塞库·图雷、恩克鲁玛、莫迪博·凯塔等人身上，他们为寻求恢复黑人尊严所进行的讲演最为铿锵有力。塞泽尔参加了1966年在达喀尔举行的艺术节，以及1963年在亚的斯亚贝巴举行的非洲统一组织会议。他欢欣鼓舞，感动万分。所有这些崭新国家都齐聚在埃塞俄比亚这个最古老的非洲王国，这也是唯一一个没有遭受过殖民的非洲国家！

塞泽尔在一次谈话中语气沉重地试着这样解释：

显然，非洲对我而言代表着回归源头，回归我们祖先的土地，因此这是一种伟大的怀旧之情，一个实现自我的地方。我相信，如果不是我了解了非洲，我便不会成为我自己。恰恰是从非洲人身上我发现了自己这最重要的部分。①

但是有些事情无法用简单的语言来说明，正因为如此，塞泽尔

---

① 利利安·凯斯特鲁的访谈，《艾梅·塞泽尔，其人其作》（Aimé Césaire l'homme et l'œuvre），见下一条注释。

才会写出如此晦涩的诗句,"不了解我的人,就更加不会理解老虎的吼叫……"

然而后来时移世易,几内亚政府开始实行酷刑,恩克鲁玛遭到流放,莫迪博·凯塔身陷囹圄,军事政变接连发生:非洲一时被独裁者们控制,塞泽尔的热情也随着自由空间的缩小而冷却下来……

他坦言:"我遭受非洲之苦,就像我遭受安的列斯群岛之苦一样。但我并没有失去希望。对我来说,非洲的成功更为重要。我想,相比非洲的失败,我会更容易从安的列斯群岛的失败阴影中走出来……因为当非洲取得成功时,我会在内心相信其余地区也将会部分得到解决。"其余地区的什么呢?他解释说是"剩下的问题,来自我的问题,包括安的列斯群岛和北美的问题,但这些问题也会在非洲出现"[1]。

于是塞泽尔去忠诚的朋友桑戈尔那里寻求安慰。他数次前往塞内加尔,因为在这里可以呼吸到自由的空气。他在马提尼克岛和塞内加尔之间的交流、访问不断。

借瓦加杜古泛非电影电视节的机会[2],帕泰·迪亚涅(Pathé Diagne)和"黑人精神"创立者们及美国黑人组织在迈阿密举行了最后一次会议。萨拉·马尔多罗(Sara Maldoror)将其拍成了一部非常精彩的电影。

后来,桑戈尔于1981年退出政坛,塞泽尔还能够在法国见到他。再后来,阿里乌内·迪奥普去世了,桑戈尔则更加衰老,塞泽尔前往欧洲的机会也越来越少,他也上了年纪,开始在故乡隐居。

---

[1] 利利安·凯斯特鲁,B. 科齐(B. Kotchy):《塞泽尔,其人其作》,《非洲存在》出版社,第201—202页。

[2] 同上书。

他在那里组织一年一度的戏剧节,请来南非诗人和美国黑人音乐家。曼德拉的胜利令他欢欣鼓舞,他的心中还装着非洲,他在安的列斯群岛的黑人那里寻找非洲。

马提尼克岛的某些风景让他想起了基伍湖,虽然他从未到过那里。通过他的朋友古巴黑人画家维弗雷多·拉姆(Wifredo Lam)①的作品,他想起了所有的约鲁巴神:耶曼佳(Yemanja)、闪格(Shango)、奥贡(Ogun)、奥罗伦(Olorun)。非洲和非洲神话仍然存在于他的身上,嵌入他的心中。

当然,与此同时,他的幻想也已经飞走了。

> 干涸搁浅的梦魇
> 在成堆的无声骸骨的河口泛滥
> 脚步匆匆的希望
> 像驯服的蛇一样小心爬行
> 我们不会离开
> 我们永远不会离开
> 我将忠诚于我的海岛
> 仿佛约翰神父一样
> 斜斜地屹立在海面之上……
>
> ——《镣铐》(*Ferrements*)

塞泽尔将自己比作了约翰神父,一位"非洲研究学者"②,但他却被加勒比海的岩石阻挡住,继而转身走向阻隔他的大海,而大海又把他和非洲黑色大陆连接起来,他迟早都要前往。

---

① 中文名为林飞龙(1902—1982),古巴艺术家,父亲为中国移民。——译者注
② 取自刚果作家亨利·洛普(Henri Lopes)的小说的标题。而约翰神父,据传是一位曾在 12 世纪前往埃塞俄比亚的传教士,但并未找到相关佐证资料。事实上,他可能生活在波斯。

像所有优秀的安的列斯群岛人一样,塞泽尔知道,当时机来临之时,他的灵魂便会归去,回归几内亚,之后,像凤凰一样涅槃重生,开启新的生命。

本文刊登在《欧洲》(*Europe*)杂志,1998 年

跟随国王巡视岛国

  当我们通过塞泽尔的诗歌了解过安的列斯群岛后，我（总是在想象中）走近"这一片鸟粪""这啜泣的珊瑚""这片混乱""这个袋子""这些岛屿监狱"，心中便生出几许不适，几分不安。不得不承认，我会对这里生出一种非常灰暗的印象（这可不是什么委婉的说法）。

  但是，当我多年后终于登上马提尼克岛时，亲眼看到并体会诗人所描绘的"无法修复的幻想"，会发现反差竟是如此之大！

  破败不堪的低矮城市哪里去了？恐惧和痛苦笼罩之下的山丘哪里去了？小屋和巴耶街以及裸露的下水道哪里去了？那些咀嚼甘蔗来减轻饥饿感的孩子哪里去了？描绘中的这一切在哪里？在哪里？

  展现在我眼前的是一座绝美的城市，四面的山丘上是一座座别墅和崭新的建筑，岛上的道路四通八达。

  马提尼克岛和马提尼克岛人都发生了剧变！他们交了好运，他们有一位好市长在此工作了三十年。市长的名字吗？人们亲切地称他"塞泽尔爸爸"。他建设了学校、妇产医院、廉租房、下水道和柏油马路。他为自己的人民争取到了法国公民的待遇。在1993年日益贫困的第三世界，安的列斯群岛和马提尼克岛看起来有点像从洪水中幸免于难的孤岛。这足以令人们欢欣鼓舞，至少对马提尼克人来说如此。在这中间，"黑人精神"发挥了巨大作用！

在这座优雅而富足的城市里，年轻人一个个精力充沛，营养充足。我们开始寻找市政厅，希望能够见到这位优秀的天才的市长。

在一座座精致的商店和装潢一新的殖民时期建筑之中，一座城堡般的建筑物赫然出现，这半乡村、半碉堡风格的混凝土和玻璃堡垒，是一个不规则的多边形建筑，大楼由五层办公室组成，仿佛是国王克里斯托弗一世的城堡！

我们乘坐静音电梯可以直达市长办公室。如果我们运气好，那么在接待员和秘书那里登记后，便能受到坐在那宽大的政府办公桌后面的市长的接见。但是接待常会被电话打断：市长的"合作者们"不断前来，因为各种原因要禀报市长，有人高声提出要求，有人给出简短的回答。市长不停地起身离座、踱步、讲话，大声发出命令，语气不容置疑。人们进进出出，芭蕾舞般地进退，让人联想起《国王克里斯托弗一世》中海地君主身边一个个翩翩起舞的朝臣。对于王宫中的强人，人们都会表现出同样的恭敬吗？会同样围在他身边，封锁他、孤立他、控制他吗？

有许许多多普通人想约见到市长，他们提出申请，等待，再等待，如此会等上数月，于是他们感叹说："要见市长先生可真难啊！""啊，如果我能见上市长一面，我的情况就会好些。"唉！真是无奈！

然而，市长却不会停下，他一直在辛勤工作。市长是一位建设者，克里斯托弗一世曾经慨叹："啊！拜斯（Besse），你是一名建筑师，这多么令我羡慕！"感谢上帝，塞泽尔没有生活在君王的城堡中，不过他却总在不停地建设。只有当他逃离他那壁垒森严的办公大楼跑到建筑工地时，他才会由衷感到开心：这里正在修建一个托儿所，那里要修建一片居民区，而那里要修建一个十字路口或者一家理疗中心。

好了，现在已是下午一点钟。市长会回到他位于拉勒杜特街（La Redoute）对面带有殖民时期风格的木屋中。他用饭很少，休息的时间也很短，之后很快便又回到办公室。他像是一位年迈但经验丰富的船长，掌管着这艘马提尼克号巨轮。他每天都在了解情况、讨论、检查工作、签字。

塞泽尔需要接待形形色色的人：乞丐、普通雇员、工人、失业者、学生、艺术家、演员。在这一点上，安的列斯人确实和非洲黑人一样：每个人都希望见到自己的首领，的确，"遇事与其找圣徒，不如直接见上帝"。人们遇到真正的问题，都会觉得只有"克里斯托弗爸爸"才有能力解决。这看起来很荒唐，但实际上就是这样，我们没法改变。

终于到了晚上。五点半时，我们的"克里斯托弗"会钻进他身材魁梧、忠心耿耿的司机阿尔比西（Albicy）驾驶的那辆宽大的DS座驾，沿着特拉斯路（Trace）前往岛屿另一侧（东面）的塔尔达纳镇（Tartane）。我们仿佛在穿越喀麦隆雅温德地区的乡村景观，不过这里沿途所见，植物很少，建筑物却很多：围起来的花园，山丘，房屋和棚屋前的汽车，草地边缘巴黎式样的垃圾桶，路灯到处都有，而且还亮着，还有许多正在建设中的房屋，一堆堆的混凝土块……一切都让人产生幻觉！

塞泽尔一路向我解释着，评论着，他会突然吩咐司机停车，然后跳下车，对工地上的人大喊大叫，用克里奥尔语和工头攀谈。

这是我有生以来第一次听他说克里奥尔语。自然，他的语速很快，非常流利。他会平等地与围上来的乡下人用克里奥尔语聊天，他们脸上都挂着灿烂的笑容。这一幕宛若国王克里斯托弗前来巡视他的臣民。这是他的另一幅面孔吗？这是他"另外温柔脆弱的一面"。他喜欢人们和他打招呼："哦！市长先生！"人们不会再多打扰他。在他的市政厅里，塞泽尔要不停地对别人说啊说，而在这里，他是倾听者，令他收获良多的首先是这个绿色而生机勃勃的国家，以及那些富有音乐性的名字。

在塔尔达纳镇和卡拉维尔（Caravelle）附近，眼前豁然开朗：山丘上满是香蕉树和甘蔗，金黄色的牧场上黑白花的奶牛在悠然吃草，明朗的海岸，昔日海盗的"金银湾"。这片地区树木繁茂，至今仍保持着原始状态。

右边有一处绝佳的休闲之地，这是必要的，不是吗？突然，汽车离开了道路，沿着草地一直驶上山顶，小山插入大海中，在此形成一个岬角。塞泽尔跳下车，显然他对此地已经非常熟悉。司机关掉引擎，什么也不问，就在原地等待。塞泽尔继续向大海方向走去，他说在晴朗的日子里，可以看到对面的多米尼加。他来到一棵半枯的、倾斜的树干前，看起来像一只鹿的轮廓。他从树下摘了一片树叶。"这是可可豆。"他介绍说。他说自己有时会把文件带到这里看。这一处安静的角落总能让他放松，让他休憩。

海水泛着铅灰色，波涛汹涌，比西边更为喧嚣。塞泽尔忽然抱怨起来，他说自己身心疲惫，这个国家已经耗尽了他所有的精力，安的列斯群岛人总是想索取，从不满足，现在岛上平均每两个人就拥有一辆汽车，数量已达15万辆。小学和中学建起了许多，这是真的，居民百分之百接受过学校教育，但是年轻人的失业率也高达30%，虽然他们可以享受各种福利，可以领取最低保障收入。

然后我们又和超然而沉默的司机一起上路了。

塞泽尔讲话滔滔不绝，他指着破旧房子前坐着的一些老妇人说道："这里还生活着一些农民，不过人数不多了。"

我们在乡间小路上偶尔会遇到黑人，他们有的步行，有的骑着轻便摩托车。塞泽尔问："您看这个人，他是什么种族的？沃尔夫人还是约鲁巴人？您看他的皮肤有多黑！必须要有人种学家的眼光才能辨别他们……确实，人们太容易把他们搞混了……"

车一直沿着蜿蜒的小路行驶，我们一路穿过了许多村庄。

他们正在建造的东西真是太疯狂了！这是钢筋水泥的文化，这样下去，很快房子就会比田地更多。此外，所有的东西我们都要进口，进口比例超过了80%，而出口只有20%！我们这里什么都能生长，我们本可以很好地养活自己，但是现在没有人愿意再种田，农民几乎都没有了！

——那么人们的食物呢？还在吃木薯、车前草、秋葵吗？

——唉！食物也变了，人们现在吃牛排、汉堡，喝可口可乐。都在现代化，这是不可避免的。

这位公务员，这位知识分子，对农业劳动怀有一股乡愁。这是一种带有非洲文化特征的怀旧吗？确实，塞泽尔一直对植物情有独钟，尤其是对水果：杧果、木瓜、刺果番荔枝、鳄梨、人心果……

他继续说："请注意，我们仍然能够看到过渡时期和旧建筑的遗迹，请看这里，在小吃店和现代别墅之间的这间是'黑人小屋'，当年奴隶住的；那边还有一座气派的'奴隶主的宅子'（一层有阳台），一直保留着。"

然后，塞泽尔进一步问我："您已在马提尼克生活了三天，对这里的人印象如何？"

我说："相比非洲人，他们都能吃饱饭。这里看不到衣衫褴褛、瘦骨嶙峋、流着鼻涕的孩子在垃圾桶翻找食物。"

他说："是的，没有，这种情形在马提尼克是难以想象的，不过人们还是牢骚满腹。"

我说："那就送他们去达喀尔或拉各斯去走走看看……"

他说："恰恰是那些去过那里的人的态度奇怪，他们像小资产阶级那样指责非洲人不该生活在这样的条件下，没有自来水，没有服务设施，仿佛马提尼克岛人民自己不是刚刚摆脱类似的状况。这些马提尼克人在战争之前并不都拥有今天所享受的这一切……但他们已经忘记了！……"

我们一路向上，汽车爬上蜿蜒的小路，到达了"雨林"。这里真是一片神奇的世界！在海拔 1000 米的地方形成了局部小气候，终年雨水不断，这里有茂密的竹林和蕨类植物、混杂的木河植物、食人无花果树、附生植物、地衣……

塞泽尔说："你看，这里没有一寸空地。这儿是一片巨大的红掌，它们无拘无束地生长、繁殖。你认得鹦喙花吧？"

山路陡然变窄。在雨后的氤氲里，道路蜿蜒曲折，可以依稀辨认出卡贝特的山峰，沟壑间溪流湍急，让我不禁想到非洲的基伍地区，还有别加山脉（Biega）、卡马尼奥拉悬崖（Kamagnola），这种高山热带气候非常特殊，因海拔高而不再那么湿热难挨，真是十分罕见。

他说："这里看起来有点像基伍地区，不是吗？"这也是我的感觉，不过还没有说出口而已。他继而又说："的确，我喜欢来这里。但我更喜欢晴天的时候来。今天的雾气太重，看不到风景全貌……"

这时，我们忽然听到一阵沙沙的响声，是一种连续不断的鸣叫。是什么在叫？"是蟋蟀和青蛙。"司机说。但塞泽尔却说："也许还有水滴坠落的声音。"于是他开始低声讲一些关于北欧圣女维莱达的故事……

他关上了车窗，天气有点冷，他轻咳了几声，有些喘不过气。我们驶出灌木丛，重又来到了西坡之上，在圣皮埃尔镇（Saint-Pierre）面向佩利山（Pelée）的一侧，这里地势非常高。他此时呼吸也顺畅了许多。

雨停了，车子沿着山路一路下行，我们重又看到了村落、带花园的院子、学校和"社保中心"的白色建筑。

但是我们的诗人已经恢复了精神，他已经呼吸过偏远乡下的新鲜空气。夜幕降临，他可以回家了。明天，人们心中的克里斯托弗国王又将在他的城堡中拿起他的权杖，挑起他的重担：

  赶快就位，瞭望哨！[①]

[①]《非洲存在》，1995 年。

塞泽尔诗歌中的意象、
神话与超现实主义

在我们看来，回顾塞泽尔的诗歌和戏剧的神话维度似乎并不难，得承认，此类例子在他的作品中不胜枚举。那么什么是神话？研究神话需要关注什么？若要深入探讨这一话题恐怕要写上一本书才行。因此，我们在此只讨论其中的几个方面，并思考其作品中大量使用神话的背后原因。

事实上，在塞泽尔充满古典博学色彩的作品中，神话比比皆是。我们很快就能发现那些我们所定义的神话，即按神话一词希腊语的最初意义定义，也就是神的故事：普罗米修斯的神话，珀尔修斯的神话，双重面孔的雅努斯的神话，此外还有《圣经》中记述的神话：基督的神话，大洪水的神话。维罗尼克·贝萨尔（Véronique Bessard）对此做过非常有启发性的初步研究。

但我们很快就可以看出，塞泽尔还有能力创造更多的和更加个性化的神话。夏尔·莫龙（Charles Mauron）、R. 阿尔布伊（R. Albouy）、皮埃尔·布吕内尔（Pierre Brunel）等人根据自己对该词的理解，特别是在《神话批评》（*Mythocritiques*）[1] 中，将其称为真正

---

[1] 皮埃尔·布吕奈尔：《神话批评》，PUF 出版社 1993 年版。

的文学神话：这是一些带有强迫性的、反复出现的图像，它们共同编织成一个网络，凸显出作品的不同，在作品中留下无法磨灭的印记。

根据弗洛伊德的说法，神话是人最深层的幻想的表达，而格罗德克（Groddeck）则认为神话最接近神圣的起源。神话也是"个人心理和社会压力相互交织而成且繁殖力最强的场域"①。

以火山神话为例，此类神话强调了火山的升腾性和爆炸的象征意义，展现了塞泽尔对于自己种族命运的反抗精神：火山不就首先是内部的烈焰和燃烧熔岩的喷发吗？

> 我是狂暴的钦博拉索山（Chimborazo）
> 我是喀拉喀托山（Krakatoa）
> 有些火山口与古代的裂口完全一致

在挖掘火山的象征意义时，我们发现了埋藏的火、灰烬下的火、看不见的火、孕育的火、活着的火，塞泽尔称之为"地心之火的非凡电话系统"（extraordinaire téléphonie du feu central）。因此，他总是能够秘密地、迅速地将这火传达给所有像他一样反抗命运、埋伏在叛逆战线上等待机会的人，一些"心中装着火一般意志的可悲的人"。

这不正是塞泽尔本人的写照吗？他在一次采访中用通俗而平淡的语言这样描述他的诗歌创作："有点像火山：堆积了一个世纪的熔岩和火，然后有一天它突然爆炸，一切便都喷涌而出……"［凯特·沃克（Keith Walker），《塞泽尔作品中诗歌的统一性》（La cohésion poétique dans l'œuvre Césairienne），1979］。

---

① R. 凯卢瓦（R. Caillois）：《神话与人类》（Le mythe et l'homme），Folio 出版社 1972 年版。

随着时间的推移，关于火山的神话在塞泽尔的作品中最终得以真正确立；因此，我们发现他笔下的神话有时是威胁性的，有时是压迫性的，这取决于诗人自己当时的精神状态：是充满活力还是日渐消沉。因此，他用拟人化的形象来描述这种图腾：

> 有时他把头埋进一袋灰烬里
> ……有时他把自己吃掉
> ……我们将看到他终于承担起自己的力量
> 我们会看到他被闪电击中
> 在毫无特点的城区上空……
> ……所以他说石头比光更为珍贵
>
> ——《我，海带……》（Moi, laminaire…），
> 第 46—47 页

但是塞泽尔为什么要这样写？为什么要把自己代入这一地质事件呢？要知道，在加勒比地区这个 75 千米长 39 千米宽的马提尼克岛上，确实耸立着一座火山，佩利山，它的最高点为 1400 米。1902 年，火山突然喷发，燃烧的灰烬淹没了圣皮埃尔城。塞泽尔生于 1913 年，他的祖父阿尔芒·塞泽尔（Armand Césaire）就是本地人，而从小抚养塞泽尔的老祖母应该向他讲述过这场灾难……

诗人对火山代入是如此强烈，以至于他会不断地赋予火山新的角色，如牧羊人或守护者，"真正的鲨鱼，警惕的火山……在沉睡的克拉尔村民的门槛上守望"。

这些火山的角色或许与他本人颇为相似，因为他在岛上担任市长和国会议员长达四十多年。他有着塞泽尔爸爸的一面，也有慈爱的克利斯托弗国王的一面……

最后，由于火山俯瞰全岛的优越地势，它可以极目很远的地

方，可以远眺天际，可以看到未来。诗人在《返乡笔记》中所扮演的预言家的角色当然是他最喜欢的角色，没有什么能比在这处岬角更适合发现"探出小脑袋的鸟巢"，从而捕捉头上长着"避雷针"的角叫鸭，宣布他所说的复兴：

> 这里的复兴
> 是由从非洲吹来的风
> 由信风的尘埃
> 由泡沫的力量
> 和地球的力量
> 来实现的

而地球的力量就是塞泽尔而所说的地心之火，不是吗？事实上，即使在他内心的火山疲惫不堪的时候——这种状态在他的最后一本书中时常出现——塞泽尔也对火山充满信心，并承认火山是另一个自我："我向老狮子和他的怒火致敬。"

* * *

显然，我们可以在塞泽尔式的想象中探寻其他类似的众多神话，如太阳和蛇、附着在岩石上的海藻、岛屿、树木。神话"刺穿了天空的重负"，凤凰终于从灰烬中复生。神话能体现在所有这些自然的元素之中，展现着它的生命力、对温柔的渴望、执着的耐力、对正义的渴望、不断生出的新的期待。

但这些已经是神话了吗？或者还只是构成图像网络的隐喻，它们彼此呼应，构成我们诗人十分独特的语言？

对此，凯卢瓦（Caillois）提出的看法或许有所不同："从一个解释系统来分析一个神话，无论它多么有根据，都必须给人一种无法克服的不足、一种不可还原的残余的印象。"正如吉尔贝·迪朗

（Gilbert Durand）所指出的那样，神话总是从你身边悄悄溜走，事实上，这正是它再次出现的原因。相比之下，比较和隐喻更容易研究。

神话也好，隐喻也罢，不管怎么说，都必须学会如何破译，慢慢地，一个接一个，一点一点去破译，就像解读一门外语一样。

塞泽尔的诗很像谜，而他本人就是那狮身人面像！他把我们拉来玩这个游戏，接受他提出的无法理解的问题，接受他把超现实主义实践作为一种排他性的诗意交流形式。我想我们可以追问塞泽尔，问他为什么要使用超现实主义的写作方式。他总是试图给出一个合理的解释，然而，以这种方式打碎句法、颠覆文体修辞格、不断地打乱符号系统是不合理的！关于这一点最有启示意义的研究当属马马杜·苏莱·贝（Mamadou Souley Bai）的著作[1]。

有人认为诗歌首先代表着音乐与和谐，那么如何告诉这些人塞泽尔式的想象和语言虽是危险的冒险却具有价值？如何解释他对于交流密码的否定？为什么要使用"无定形的艺术词语，而非有形的词语"？为什么要使用能派生新词的其他形式的词语？

显然，塞泽尔并没有把诗歌拿来作为使自己的同胞，特别是理性主义者理解自己的工具。

但这是一种激进的姿态，他拒绝一个永远不能满足他期望的世界，他使用的割裂性诗歌永远不能满足他的欲望。这就是他何以发出慨叹：

  伙计啊
  算你倒霉

---

[1] 马马杜·苏莱·贝：《塞泽尔，诗体的形成》（*Césaire, fondation d'une poètique*），Harmattan 出版社 2005 年版。

你不懂
你无法阻止我
在明朗的天空下
像傻瓜一样建造岛屿

在这个被塞泽尔视为专属于自己的诗歌领域，他生命的独立和对任何羁绊（政治的、社会的、逻辑的、道德的或种族的）的拒绝，都是明确的和毫不含糊的，他不受任何影响。所有对他的要挟都已失败，希望他能采用更为明确的表达方式，这恐怕一样会劳而无功……

亨利·梅肖尼克（Henri Meschonnic）在他的《论诗学》（*Pour la Poétique*）中，试图通过艾吕雅（Eluard）、苏波（Soupault）、德斯诺斯（Desnos）和勒内沙尔（Renéchar）的观点来定义超现实主义运动，他发现了这种绝望："拒绝自然主义感知，鼓动人们利用偶然，使每一次文字的相遇都成为一个启示的碎片。"

然而，这一点恰恰适用于哪怕最简单的比喻，正如我们评论的那样，人们不会去翻译隐喻，"因此，说'在时间的翅膀上，悲伤飞走了'并不意味着'悲伤并不总是持久的'。如果拉封丹想说的只是后面这句话，他早就这样说了。拉封丹的诗句并不等于引用的注解。"

两者之间确实存在联系，但却无法进一步简化："诗歌不是加法，而是突破寻常。"[①] 因此，任何意识到这一点的教授诗歌的老师都会感到无能为力，于是只好去给学生"解释"一部诗歌作品！

解释永远只是一架柔弱的梯子，让我们更加接近诗歌，或者接近诗人。因为事实上，理解一个人几乎总是比理解一个作品更加容

[①] 亨利·梅肖尼克：《论诗学》，伽利玛（*Gallimard*）出版社。

易。一部作品就是一个奇迹：这份神圣的超越①通过文字、色彩、音符、声音和线条来自己表达。

艺术现象就在于它"使人能够以不同的方式看待其他事物"。艾吕雅说："当一个人发现了一个新的世界，他就变成了一个新的人。"

塞泽尔是如何看待这种分离、移位、变形的力量的呢？他又是如何获得这种力量的呢？他当初是否能放弃这个只会降临到少数幸运者头上的机会呢？

> 在我中间，
> 从我自己
> 到我自己
> 在整个星座中
> 只在我紧握的手中
> 只有最后一次精神错乱的痉挛
> 罕见的打嗝
> 令词语震颤
> 迷宫之外我将更有机会

因此，塞泽尔在自己的作品中建立了这个新世界，在这里，"黑人精神"将永远被照亮，即便很少有人了解或相信。

他创造了属于自己的由意象和星星组成的星座。在许多事情上，"他以前的认识已经不再了"②。

我们的认识也同样被他终结了。塞泽尔的作品色彩斑斓，令人

---

① 在此，我借用了吉尔贝·迪朗（Gilbert Durand）的说法。吉尔贝·迪朗：《象征性想象导论》（*Introduction à l'imagination symbolique*），PUF 出版社 1974 年版。

② 亨利·梅肖尼克：《论诗学》，第 147 页。

难以想象:"不夜岛,逃亡的奴隶,忧郁的瘤牛,奇怪的湾流,海啸,蜂鸟,一品红,芙蓉的芽眼,金凤花刀剑一般的深色的茎,标枪河,贪食症患者般的小山,受硫黄惊吓的老虎,玫瑰花抚摸之下温顺的岛屿。"在我们读过他的诗后,这些形象又怎么会和地中海俱乐部的照片联系在一起呢?

塞泽尔仿佛像摄影师一样用词语创造了另外一个世界,读者几乎无须再去看真实的马提尼克岛。或者,如果我们前往那里,就会探寻塞泽尔在那儿看到过的东西,如克里斯托弗国王的城堡,只是这不再是以两万人的生命为代价在海地山上建造的一座疯狂的纪念碑,而是"一座自由的堡垒,一艘石头战舰","赶快就位,瞭望哨"!

如果有读者愿意潜入塞泽尔诗歌的熔炉,再从中走出,那么他自身就会变形。哦,当然不会完全改变,而是在某种程度上、在某个地方的变形,会在哪里变化他也不甚清楚,这不免令人不安。但他身上的某个部位确实发生了改变。雨果说:"语言经验会对世界显示它的力量,词即是物。"(也许是这样吧,但"如果语言赢了,那么这一胜利意味着什么呢?"[①] 梅肖尼克也表示:这意味着连续体战胜非连续体。在我们看来,这一说法既抽象又不明确。)

另外,"对语言的信任和表达的快乐,都为一个不再有意义的世界赋予了意义,或者说,如果没有按一定顺序排列的某些词语,这个世界便不会有意义"。

因而,在塞泽尔看来,沙漠将不再是沙漠,而是"在花粉的旅行地图上填满的白色",是"过筛的小麦",或是"比哈马丹燥风更加干燥的心",抑或是"满是烧焦的枝条的寂静之地"。

只有诗人才会让你真正懂得词与物并不只有唯一的意义,其意

[①] G. 穆尼耶(G. Mounié):《诗歌的感染力》(*La communication poétique*),PUF 出版社。

义是在不断地被发明着的。我们只知道词的使用价值，而诗人却深谙其交换价值。诗人给了词语神奇的价值和雷达般的探测价值，既赋予词语"方位"，也赋予它"方向"的价值。

在此，我们无意进行分析或评注，也不打算探寻塞泽尔诗歌功能的来源，我们不想把他的诗歌切割成切片，不想用符号学的放大镜加以审查，更不想把它们分解成象征符号的构型。在这些险峻的研究之路上，最勇敢的探险家无疑要算凯特·沃克、勒内·埃纳内（René Hénane）[1]和马马杜·苏莱·贝[2]。

还是让我们以一个非常简单的问题来为本文收尾吧。

问题：当我们巧妙地完全拆除了有意识的机制或秘密的机制后，塞泽尔的诗歌还剩下些什么呢？

答案：当你知道金刚石是由硬碳晶体组成的而不是石墨后，金刚石还剩下什么呢？剩下的是彩虹。

雨后那蓝天上的彩虹，难以捉摸，无法消除，经久不变。

发表在《反抗者》（Le Rebelle）杂志，
法兰西堡（Fort-de-France）

---

[1] 勒内·埃纳内在两本重要的著作中都研究过塞泽尔的象征性形象。
[2] 马马杜·苏莱·贝：《塞泽尔，诗体的形成》。

关于塞泽尔的诗歌及其超现实主义的导读课

超现实主义是一场欧洲文化运动,不仅影响了文学领域(诗歌、散文、戏剧),也影响了绘画和雕塑创作。

19世纪末,在现实主义(巴尔扎克)、自然主义(左拉)和巴那斯派[埃雷迪亚(Hérédia)、勒孔特·德利勒(Leconte de Lisle)]之后,在描述自然和社会方面,艺术界已经再难有所突破。

在绘画领域,画家夏尔丹(Chardin)、米勒(Millet)也遇到了同样的问题。

在雕塑方面,罗丹的《思想者》和阿里斯蒂德·马约尔(Aristide Maillol)的裸体作品如此栩栩如生,观者甚至会不禁想捏捏作品人物的屁股!

然后人们发明了摄影技术(1850年),因此,在再现真实方面已经无法做得更好!艺术家唯有另辟蹊径。

因此,画家们于是开始思考光影,并将其运用到创作之中。在此情况下,印象派应运而生,如塞尚(Cézanne)、瑟拉(Seurat)、德加(Degas)、梵高(Van Gogh)、马蒂斯(Matisse)、高更(Gauguin)。之后,受黑人艺术的影响,人们开始对形状和立体进行反思和创作,进而诞生了立体主义学派,如布拉克(Braque)、毕加索、费尔南·莱热（Fernand Léger）、德兰（Derain）。最后，画家们发挥他们的想象力，创造了超现实主义学派，如马克斯·恩斯特（Max Ernst）、唐吉（Tanguy）、米罗（Miro）、毕加索、达利（Dali）、希尔科（Chirico）。

对文学界的震撼来自弗洛伊德关于潜意识的非理性冲动的发现。诗人们试图摆脱巴那斯派的现实主义，以波德莱尔（Baudelaire）、马拉美（Mallarmé）、魏尔伦（Verlaine）、瓦莱里（Valéry）、梅特林克（Maeterlinck）为代表的象征派首先在创作中重新引入了神秘模糊的感觉、自然元素与人类灵魂之间无形的关系。兰波（Rimbaud）和阿波利奈尔（Apollinaire）也加入这场运动，不过他们并没有与传统割裂。

最后，达达主义和超现实主义粗暴地摒弃了古典诗歌那整齐的诗句、押韵、诗节和句法的逻辑。在安德烈·布雷东（André Breton）和特里斯坦·查拉（Tristan Tzara）的领导下，他们掀起了文学史上最伟大的革命。

他们准备把对弗洛伊德发现的潜意识的探索划归文学领域，然而几个世纪以来的理性主义（自笛卡尔以来）和宗教（基督教）早已融入西方人的灵魂之中，文学成为一种冒险，一种对未知自我的探索，一次通往全新音乐的探险，一个引向虚幻和超现实彼岸的旅程。这场革命喊出的口号是主体和形式的完全自由。诗人们也纷纷加入画家和雕塑家的行列：汉斯·阿普（Hans Arp）、保罗·克利（Paul Klee）、布朗库西（Brancusi）、恩斯特、米罗、让·雷（Jean Ray）。

1920年至1940年间，可以说是超现实主义艺术主宰了"自由"的欧洲，因为东方的共产主义很快就阻止了这种"堕落"的艺术，它们在绘画、雕塑和文学中提倡的是"社会主义现实主义"。

为什么超现实主义会吸引第一批"黑人精神"诗人，包括达马斯、塞泽尔和查拉的朋友桑戈尔？

那是因为超现实主义的反抗性，因为它拒绝理性主义和西方道德，因为它关注黑人艺术，这些思想在诗人〔阿波利奈尔、查拉、德斯诺斯、布雷东、苏波（Philippe Soupault）〕和画家中都表现得非常明显。所有这些艺术家都喜欢收藏早期探险家从非洲带回的小雕像和面具，他们尝试从这些艺术作品中去寻找灵感，包括思想、形式和感情的表达，这与他们在艺术学校和大学里学习的东西截然不同。他们总是希望在新的探索中有所发现。

但对非洲人和安的列斯群岛人来说，超现实主义将会发挥不同的作用。

* * *

让我们来谈谈塞泽尔。他一心沿着这条道路探索，同时发起了与任何法国学派都迥然不同的"黑人精神"运动。《返乡笔记》是这位诗人最著名也最容易理解的作品，他创作这部作品时年仅25岁。当然，我们不会只谈这首诗，但是《神奇的武器》（*Armes miraculeuses*）、《斩首的太阳》（*Soleil cou coupé*）（1948年）、《镣铐》就不那么容易理解了。塞泽尔在诗中广泛使用了超现实主义手法，正如他自己所说的那样，他借助超现实主义方法探索自己内心的深层世界，潜意识从来都不容易读懂，而安的列斯群岛人的潜意识因三百年殖民历史已被异化，因而变得更加封闭。〔见弗朗茨·法农的《黑皮肤，白面具》（*Peau noire, Masques blancs*）〕

因此，这三本诗集中的诗都相当晦涩。然而，如果你一首接一首地读，反复细读，总是会被诗歌传达的思想像闪电一般击中。尽管如此，仍然有大量的文本我们无法理解。此时必须进行艰苦的分析，以扩大理解的范围。很少有人能够弄清诗中的所有细节，这也再正常不过。

超现实主义写作会去解析那些自动联想而偶然生发的一些图

像，这些联想可能来自我们不知道的各种各样的轶事，或者来自作者自己都完全忘记的琐碎记忆。于是，花园里的一朵花和一个与它没有直接关系的物体——比如一把椅子，就可能双双出现在一首诗中，这仅仅是因为诗人看到并记录了这个具体的细节，之后便丢在了脑后，而读者却可能百思不得其解：为什么这朵花会出现在椅子旁边！

另外，分析（最好是精神分析）可以破译诗人潜意识释放的符号和反复出现的主题，这些符号和主题作为诗歌的亮点承载着本质的意义。

当然，在塞泽尔的作品中，象征意义往往是模糊的和多义性的，或者同一意象在不同诗中的象征意义也有所不同。因此，夜晚、死亡、风、钟声、岛屿的象征意义有时是积极的，有时则是消极的。后来在写作《镣铐》的时候，塞泽尔的语言已经变得空灵无所依，有些诗会如水晶一般透彻。然而，他从不会去说明或解释他的诗意。

再看诗集《神奇的武器》。我们常常通过诗中的意象、使用的频率以及结构来加以研究，然而诗中的象征意义有时是相互矛盾的，因此，我们只能通过诗歌的语境来理解，因此，"灾难"（désastre）一词在塞泽尔的大多数诗都具有消极意义，但在《大海和洪水的遗忘》（Les oubouettes de la mer et du Déluge）一诗中除外，在这首诗中，"灾难"意指具有解放意义的灾难，诗人赋予了灾难积极的价值。

为了很好地理解超现实主义诗歌，就必须"通过比较所有词语的所有用法来解码一种未知的语言，以便从每个词与其他词的关系中识别和界定每个词语的意义"［P. 吉罗（P. Giraud）］。例如，我们可以注意到下列词的不同作用：蛇、太阳、黑人、性、树、火、火山、眼睛。我们思考它们为何经常被联系在一起，继而尝试澄清其基本作用，这样便可以发现它们在塞泽尔诗中的共同内涵：他使用这些词语（这是重点）来侵犯那具有侵犯性的世界。对他而言，词语就是武器，在他愤怒和暴躁之时，他会将自己化身为这些武器。通过下面的表格我们可以看到这些符号是如何发挥作用的，也能够懂得塞泽尔本人或他诗中的主人公为什么要把自己比作凤凰这种浴火重生的奇怪的鸟儿。

侵犯者	行动	被侵犯者	死亡	重生
太阳	捕猎焚烧	夜晚	上床睡觉	重新起床
性	强奸	女人	满足	新的欲望
黑人	谋杀	白人	镇压	革命
眼睛	摘下面具	真实的东西 隐藏的东西	睡眠	醒来
火山	爆发，摧毁	圣皮埃尔市	恢复平静	重新爆发
蛇	咬	其他蛇	蜕皮	长出新皮
灾难	破坏	世界	破坏	重建
火	着火	城市	熄灭	重燃
树	穿破	天空	季节周期	死后又重新生长的香蕉树
		凤凰	死亡	浴火重生

下面是摘自《斩首的太阳》的几首诗中的一些形象。

——太阳那蛇的眼睛迷住了我的眼睛

——我感觉到了眼睛的性在激荡，我意识到我看到了，我惊恐万分

——太阳，在峡谷中！

黑色的吼猴，黑色的屠夫

刺客啊，我以强奸罪宣告你无罪

你强奸了黄昏那紧绷的性爱

直至让它再无血色

——我伟大的狂野的赤裸的黑色的智慧的褐色的欲望

——这是太阳的一百匹嘶叫的纯种马

——野蛮的我,那条喷射毒液的蛇,它从我腐烂的肉体中将我唤醒

——一个辉煌的腐烂的夜晚,在那里,我们的太阳用它紫色的肌肉集中了它所有的力量

——有着火一般意志的阴郁的人

——伟大的马,我的血,我的马,在腐肉中爬行,直到沉没

* * *

下面是诗集中最简单的一首小诗,现在让我们用它做一个阅读和解读练习。

第九年

人们在痛苦中修剪一朵花

把它放在他们脸上高高的高原上

饥饿为他们撑起一顶华盖

一个形象在他们最后的泪水中溶解

他们喝得令人恐怖

怪物在泡沫中舞动身躯

在那段时间里

发生了一场难忘的蜕变

马儿在蹄子上踏出一片梦魇

所有的公共广场之上

滚滚的浓烟在变成蘑菇

这是一场奇妙的瘟疫

人行道上

最小的路灯转动着它们的灯头

在灸热的水汽旁,未来的按蚊在花园里吹着口哨

这时,"波浪""松软的土壤"

"可耕地"和"刨花"

四个单词首次密谋

博里纳日诞生了森林

驳船行驶在空气与河流的运河上

人行道上伤员的红色硝石中

长出了小女孩和海芋

正是在这一年,人类的种子开始为自己选择

一颗新的心脏的轻柔脚步

(《斩首的太阳》)

  在这首诗中,塞泽尔预言了他对自己人民未来生活的梦想。但它同时也包含了一种"普世价值",超出了黑人种族的范围,诗人是在对世界上所有受苦受难的人说话。当时(1947年)塞泽尔还是共产党党员,因而他预言的未来是通过无产阶级革命实现的。

  "所有人在痛苦中修剪的那朵小花"象征着希望,就像毕加索的杰作《格尔尼卡》中死者已残缺不全的手中那朵小花一样。这希望就像一面旗帜,被人们高高举过头顶。华盖上覆盖的不是天鹅绒,而是他们的饥饿,这是他们的礼仪徽章。"一个形象在他们最后的泪水中溶解","最后的泪水"的意象无疑是在指他们痛苦的命运,但随着他们痛苦的结束,这一意象逐渐消失。尤其是黑人奴

隶，他们饱尝了（"令人恐怖的"）奴隶贩子（"在泡沫中舞动身躯的怪物"）的虐待。

然而，现在这一切终于都结束了。

这是这个世界的末日（"难忘的蜕变"），欲望的力量终于得到释放（"马"），火灾在火中净化了所多玛的堕落（请注意原子弹与蘑菇云的类比，这本诗集中有的诗创作于1947年）。说"奇妙的瘟疫"，因为它摧毁了所有需要摧毁的东西。在塞泽尔的作品中，大大小小的灾难总是预示着这场深刻的革命，这是必要的，因为从灾难中可以诞生革命。因此，洪水、火灾、地震或者此处的"奇妙瘟疫"都是积极的迹象，预示着黑人（以及所有被压迫者）所期待的伟大变革（"难忘的蜕变"）的到来，以实现一个和解的、友爱的社会，即"人们彼此认可"的社会。

转动着"灯头的路灯"，可能代表着那些已经看到光明的人，他们是人民的向导、先知或诗人，他们提出建议，在最混乱的局势中指明方向。对于那些害怕未来的人来说，未来是刺激的（"按蚊"）和炽热的：你可以听到它就在附近，在附近（"在花园里"）吹着口哨。此时，塞泽尔重又使用了先知的说话方式。

"波浪""松软的土壤""黎明"和"刨花"等词都唤起了一种清新、青春、温柔脆弱的概念，这些概念从我们出生便主导着我们的人生。松软的土壤幸遇甘霖更是有利于植物的生长，黎明预示新的一天的出生，而刨花则是新切割的木材的标志。

"博里纳日诞生了森林"：博里纳日（Borinage）是比利时一个以煤炭开采而闻名的地区。推而广之，博里纳日代指任何有煤矿的地区。

然而，煤炭本身来自曾经覆盖欧洲的古老森林，因此，诗人给博里纳日赋予了原始的、纯净的、自由的森林状态的形象意义（参见普雷维尔的诗：粉笔又变回了崖壁，书桌又变回了大树，羽毛又变回了小鸟。其含义一样，都是指回归最初，整个大自然都回到起源）。

"驳船行驶在空气与河流的运河上"（诗人的想象力也被释放了）：在新世界里，有什么奇迹是不可能的？会有新的航船去探索新的航线吗？

从"人行道上伤员的红色硝石中，长出了小女孩和海芋"：从伤员（为革命而牺牲的人）的血的硝石中长出的海芋（白花）和小女孩，象征着纯洁、童年和希望。

"正是在这一年"（这里描述的是蜕变之年）也就是第九年，这一年，"人类的种子开始为自己选择一颗新的心脏的轻柔脚步"。这是相当奇特的表述，不过在我们分析之前读者也能一下子搞懂！然而，还是让我们试着深入理解吧。

"人类的种子"：这还是关于出生的概念，以及人的本质，"人类的种子"是指这些种子将（通过一种神秘的自然选择）从人身上选择自己；"温柔的脚步"是指道路，之所以"温柔"，因为它总是与一颗新的心脏的诞生以及童年联系在一起，因为人和世界、爱情一样，需要重新创造（参见兰波的诗）。

以上只是初步按照字面意思进行的诗歌"翻译"而已，但这有助于大家理解这首诗的意义。这首诗像是一场表演，像一幅如此精致的画，甚至画家都可以在他的画布上用不同色彩再现。当然，作画的一定是一位超现实主义画家。[①]

[①] 部分选自《艾梅·塞泽尔：其人其作》（*Aimé Césaire, l'homme et l'œuvre*），与 B. 科齐（B. Kotchy）合著，圣保罗与非洲存在出版社。

一首诗的炼金术[*]

我之所以选择了这样的论文题目，只是想以此突出本次专题研讨会和本次分论坛会议的主题。请放心，我不会对各位同仁做连篇累牍的文本诠释，我仅仅希望大家关注诗人艺术炼金炉中的不同元素，然后将其提炼出来，熔化，加工，变成诗歌的黄金。

有时，这些元素可以立即识别，并在立体派绘画或阿波利奈尔的文本中成为重组的拼贴画；但更多的时候不同元素会完全整合、重组，甚至隐秘不见，最后只能在内涵的层面上加以辨别。我将以一首各位非常熟悉的诗为例，即《一艘遇难船只的还愿牌》（*Ex-Voto pour un naufrage*），摘自塞泽尔的《斩首的太阳》。本诗将附在文后。

* * *

这首诗的主题、词法和句法都非常简单，如果只看诗歌的意义，它算是塞泽尔最"透明的"文本之一。诗中，走在黑人国王的游行队伍之前的是乐师和奴隶，对于他们歌唱方式，塞泽尔首先使用了讽刺的语气，然后运用严肃的语气，让人想起了当时南非的局势，因为这里的国王是白人。

---

[*] 收入《艾梅·塞泽尔抑或炼金术士的炼金炉》（*Aimé Césaire ou l'Athanor d'un alchimiste*），Editions Caribéennes 出版社，巴黎，1987 年。艾梅·塞泽尔研讨会。

此外，有节奏伴奏的非洲鼓在这里成为记录黑人话语的象征。这鼓声对外国人来说永远都是个谜，因为这种非洲鼓确实会"说话"，而且表达非常具体，可以把精确而明确的信息从一个村庄传递到另一个村庄。这是令殖民当局害怕的一种现象。正是在非洲文化这一隐喻的现实基础之上，塞泽尔进一步描绘了"会说话的非洲鼓"。

诗的第一节提到白人工头的习惯做法：他们在矿井出口对工人搜身，看他们是否把宝石藏在肛门或嘴里，有些工人甚至会把宝石吞到肚里。

黑人的笑声掩盖了羞辱或痛苦……没什么特别的，这是黑人诗歌中经常出现的一幕。

但这位国王躺在床上被人抬着，头上撑着遮阳伞，让人想起了这样一幅素描画：西方探险家坐在由两个土著抬着的非洲抬椅上。塞泽尔翻阅了许多关于游记和民族学的著作，包括纪德的《刚果之行》（*Voyage au Congo*）。这一画面是他从他的学校记忆中找到的，与非洲毫无关系，画的名字为《国王的瘰子颈》（*Les écrouelles du roi*）。传说法国国王只要轻轻地触摸一下病人就能治好百姓的瘰子颈，于是当国王外出巡视时，病人们会千方百计触摸到他。然而，塞泽尔写的不是"我触摸"，而是"我得了国王的瘰子颈"，这就有了完全不同的含义。我们稍后再谈这个问题。

诗人已经开始使用一系列更加个性化的隐喻，涉及他的童年（"滚球游戏"）、过去苦难的地质原因（"漫长的痛苦那煤的纯真年代"）、未曾表达的无意识（"没有言语的疯狂"）、贫穷的非洲（"没有鬃毛的狮子"）。

塞泽尔的"三个灵魂"指的是加勒比海地区的信仰：这些在被征服时居住在安的列斯群岛的印第安人相信自己拥有三个灵魂，塞泽尔和达玛斯一样，声称自己具有印第安人血统，尽管这在他的家族历史中没有任何证据。

我以为更微妙的是下面的图像，塞泽尔借用三种文明来确定三个灵魂：欧洲的大脑，印度的心脏，而在许多非洲民族中，肝脏传统上被认为是生命力的所在。

诗的下一节突然转到另一个音域，说"星空之风上面我的家，在受到雷劈的我黑色头颅的岩石上"；但是，难道不正是肝脏的形象让人联想起被铁链锁在岩石上的普罗米修斯这一隐含形象吗？普罗米修斯受着恶劣天气的煎熬，也受着遥远星体的照耀。塞泽尔对这个神话颇感兴趣，还将其运用到其他的诗作当中。

"好望角"（Cap de Bonne Espérance）支离破碎的文字游戏取自瓦斯科·达伽马（Vasco de Gama）和其他征服者的故事，据说，他们遭遇的"风暴角"的恶劣天气令文艺复兴时期的探险家感到万分恐惧。同样的想法在诗的结尾处再次出现，给出了它明确的信息：暴风雨既指字面意义上的海难，也指引申意义上的海难：航海家的海难，战舰的海难，殖民者的海难，殖民统治的海难。这正是非洲鼓笑的原因！

但在分析"鲨鱼和蝎子的笑声"（它们咬人并杀人）之前，还有一些塞泽尔的炼金术的"秘密"有待发现。

查卡（Chaka）和他的神话角色让人联想到祖鲁人的历史，人们期待着著名的雷霆之子的骑兵杀来；但是，这些因紧张而战栗不安的骑兵的形象，难道不是很像兰波的诗吗？兰波不是也常将黑人的反抗和紧张联系在一起吗？乔治·恩加尔（Georges Ngal）从兰波的诗歌中找到了很多塞泽尔风格的形象。

"快帆船带来的腐烂的东西"的形象直接来自跨洋贸易，那么，这些"发光的石头，龙的孤独的希望，城堡塔楼里的火焰"如果不是来自中世纪的小说，来自对圣杯的追寻，来自被锁在塔楼里的公主，那又是从哪里来的呢？至于那些被关在劳改营里被主人控制的

一首诗的炼金术 ◇ 39

黑人们,他们活得好好的,从不屈服。"卡菲尔的非洲鼓,你们笑吧!"①

需要强调一下,这是一首古老的奇特的预言诗,创作于1948年。

但还要补充一下,炼金炉还没有像磁铁吸附铁屑那样完全粉碎来自四面八方的材料!

"笑吧,像蝎子那弯曲的身体形成的问号……"在塞泽尔的作品中,我们常常发现这类形式,而且它们常常被超现实主义者作为自动写作的练习以追求创造"惊人的形象"(布雷顿)。

因此,在他们的评论和诗歌中,我们会发现一些文本完全建立在同一表达的不断重复之上。勒韦迪(Pierre Reverdy)、苏波和艾吕雅都采用了这种诗歌创作手法,他们反复使用过的短语包括"轻轻地"("en petits coups de")、"您想要怎样"(*que voulez-vous*),以及"和……一样美丽"(beau comme)。还记得吗?其中最著名的诗句是"像手术台上的锯片一样漂亮"("beau comme une machine couteau sur le table opératoire")。同样,在艾吕雅和普雷维尔(Jacques Prévert)的作品中,人们也不止一次地发现了塞泽尔重新创造的形象,即"在天空的画布上""在花粉的旅行地图上"写下或画出一个想法,一种感觉。

  ……在我的书桌和树上
  ……在惊喜的窗户上
  ……在我敌人的墙上
  ……我写下你的名字:自由
  (艾吕雅)

---

① 卡菲尔人的地区(Pays des Cafres)中的 Cafres,或者写作 Kafir,阿拉伯语的意思是"异教徒"。由于塞泽尔的嘲讽语气,这个词带有了贬义,他把它当作一种挑衅,就像食人族、黑人一样。

在重述这首特意选出的简短诗歌时，追踪一些人所说的诗人对文学和文化的"回忆"，人们可能会惊讶地发现，如此有限的空间和纯非洲主题，居然能够勾起人如此多的回忆（当然，还有更多的回忆我们无法确定，已经"熔化了"）。

但是，有的诗中可能仍然像是一个杂乱无章的借来的拼图，而在别的诗中却像高温的白炽灯的氛围：不同的材料被点燃并完美融合，以至于人们几乎感觉不到它们的多重起源。

这是各种意象的变形！在诗句首字母重复使用的单词中，透露出一种不同寻常的节奏：我得了，非洲鼓，吼叫，国王，笑……在令人震惊的画面中被重新指控，真的，就像"龙的孤独的希望""受到雷劈的我黑色头颅的岩石""发情的逃亡者，因恐惧而抽搐"……所有这些都融入一个由闪光灯组成的网络之中，以塞泽尔式写作所特有的光辉照亮了这首诗。

然而，这只是诗人炼金术的一个很小的例子。他的诗中没有希腊主义，没有拉丁主义，没有提到《圣经》或埃及神话，就像在华丽的《流浪之言》（*Dit d'errance*）中一样，也没有对海地、古巴、巴西的记忆，没有马拉美（Mallarmé）或阿波利奈尔的踪迹，就像在《存在》（*Présences*）或者在《很高的地方发现了失去的微笑》（*Très haut trouvé sourire perdu*）中那样。例子还有很多，我都记不得了……若想研究塞泽尔这一丰富的、灵感源泉永无枯竭的主题（不管是有意识的还是无意识的），恐怕需要写上一篇博士论文才行。而关于他按照自己的目的所使用的具体的诗歌创作方式，则还需要再写一篇博士论文加以研究。

的确，"我托着国王的痨子颈"这一句就值得研究。事实上，根据塞泽尔使用的这一意象（白人国王支配黑人），国王不再给人治疗痨子颈，相反他让百姓患上了痨子颈！他不再是神授王权的君王、神圣国王、给臣民治病的国王，相反，他压迫奴隶，变成了奴隶们身上的（道德）脓肿，他成了病人，精神病患者……奴隶忍受着他，抬着他，带走他，但大家知道他已经被判了死刑（因为他将死去，死于瘰子颈），被判终身监禁。这就是为什么非洲鼓会笑。

有时，学生甚至教授们会就塞泽尔的身份问题争论不休：他是安的列斯群岛作家还是非洲裔美洲人？是非洲人还是法国人？塞泽尔在民族文学有着怎样的地位？一些批评家把他的名字从非洲文学目录中删除［南泰（Nantet）、梅朗（Meyrand）］，而另外一些批评家则把他的名字重又列入非洲文学［科齐（Kotchy）、梅代胡安（Médéhouan）、安布鲁瓦兹·科姆（Ambroise Kom）］，而法国人却认为他是法国诗人。

请注意，塞泽尔本人并没有提出过这个问题，相反，他写道："我不是总理府规定的任何国籍的人。"诚然，从诗歌的角度来看，他从一开始就超然于民族之外，不属于什么区域主义，而是拥有普遍视角的诗人。如法农一样，塞泽尔坦然地声称自己继承了所有文明的遗产。

作为《返乡笔记》的作者，他对一切有争议问题都持开放态度，尽管他是"绝无仅有的批评家"。他自认为是"从远古天空深处走来的黑人"，但他和其他一些人［沃尔特·惠特曼（Walt Whitman）、森德拉斯（Cendrars）、聂鲁达（Neruda）、桑戈尔、马雅可夫斯基（Maïakovski）］一样，已经属于那种与行星、宇宙相通的诗人了。这就是为什么塞泽尔从来不承认他的思想边界和三个灵魂的边界，他认为知识不受任何约束，灵感也没有任何限制。对他而言，诗歌本质上是可以实现绝对自由的一方神奇之地。

附：《一艘遇难船只的还愿牌》

嗨吆嗨吆，国王是一个伟大的国王

陛下屈尊查看我的肛门，看里面有没有钻石

陛下屈尊摸我的嘴巴，看里面有多少克拉钻石

非洲鼓，你笑吧

非洲鼓，你笑吧

我抬着国王的床

我展开国王的地毯

我得了国王的疬子颈

我紧随国王的遮阳伞

卡菲尔的非洲鼓，你们笑吧

矿井的非洲鼓在偷偷地笑

神圣的非洲鼓，在传教士面前欢笑

嘲笑他们的老鼠的胡须和鬣狗的牙齿

森林的非洲鼓声，

沙漠的非洲鼓鼓声

非洲鼓在哭泣

非洲鼓在哭泣

燃烧到我们无边无际的哭泣的炽热的寂静，吼叫吧

低声吼叫吧，只为那滚球游戏的时光

我们漫长的痛苦，那煤的纯真年代

吼叫吧，没有言语的疯狂

没有鬃毛的红狮

非洲鼓保护我的三个灵魂，我的大脑，我的心，我的肝脏

刺耳的鼓声，保护着星空之风上面我的家

受到雷劈的我黑色头颅的岩石上

你，非洲兄弟，我整天都想对你说一个词

它在我口中辗转，忽热忽冷

仿佛不为人知的复仇味道

卡拉哈里沙漠的鼓声

好望角的鼓声，替代了你们的威胁之角

祖鲁兰（Zululand）的鼓声

查卡（Chaka）的鼓声

非洲鼓

非洲鼓

国王啊，我们的山是发情的逃亡者，因恐惧而抽搐

国王啊，我们的平原是河流，被从海上快帆船带来的腐烂的东西所吞噬

国王啊，我们的石头是龙的孤独的希望那燃烧的灯

火焰啊，你过于热烈

我们的心啊，你太过脆弱

国王啊，我们的树是城堡塔楼展开的形状

笑吧，笑吧，卡菲尔的非洲鼓

笑吧，像蝎子弓起的身体形成的问号

用花粉画在午夜的天空和我们的大脑上

就像海洋爬行动物因恶劣天气发出的战栗

仿佛遇难船只上美丽的舷窗里大海的开怀大笑

（《斩首的太阳》，巴黎，K. Editeur 出版社，1948年版）

诗人的追求与怨恨的基础

　　不同国家的学术界已经对塞泽尔及其作品进行过大量研究，研究他诗歌和戏剧的书很多，关于塞泽尔的研讨会也召开过五六次，《非洲存在》杂志也在几次特刊上发表了关于塞泽尔的研究文章（《非洲存在》最近一期正在编辑过程中）。我要说的是，对塞泽尔的解析已经很多，我的文章无非是又一次"我注塞泽尔"而已，甚至是冒失的尝试，因为本次活动不过是塞泽尔的朋友们借他80岁诞辰之际组织的一次论坛罢了。

　　当然，因为作品总有着挖掘不尽的研究价值，我们总是可以选择围绕一首至今尚未被评论的诗变换方式加以解读，或者选择一个更普遍且具有现实意义的主题：塞泽尔与法语国家，塞泽尔与克里奥尔人，塞泽尔与非洲悲观主义，又或者塞泽尔与波斯尼亚和黑塞哥维那，塞泽尔与联合国的干涉权，塞泽尔与人道主义行动，塞泽尔与南非。若是采用第二类选题，我们可以采用访谈方式，这显然是最快的文学批评方式。

* * *

　　正如我们所看到的，关于这位巴黎高等师范学校的优秀毕业生，仍有很多主题可以研究，只要肯想就总能找到，就像哥伦布在桌上立起鸡蛋一样。

　　然而，使用访谈这类应急的方法，无异于夺了职业记者的工作，也同样是冒失之举。

因此，我决定寻找第三条道路。

在此情况下，我想讲一些重要的话，这些话虽说不上是全新的，也有点像是多年来我对文本的长期思考的总结，我的研究尽管没有排他性，但却持续了35年之久：我第一次接触到塞泽尔的作品是在1958年，同时，他给了当时还是大学生的我以极大的帮助，他不仅帮我迈出了研究的第一步，还帮我解读难题，要知道，当时对他的诗歌研究还是一片非常原始的处女地！

因此，我在此想要做的不是去总结他的存在主义和诗歌创作方法，而是强调他的创作之路的一个重要阶段，甚至可能是其基础。

* * *

诗人的追求，这是我们的说法。然而，每个诗人不都是最优秀的心怀欲望的人吗？另外，我们怎样才能把塞泽尔的冲动简化为单一的追寻呢？追求有千百种，既有有意识的也有无意识的：对自由的追求，对尊严的追求，对兄弟情谊的追求，对美的追求，对爱的追求，对自我的追求，以及对形而上学的追求。塞泽尔的诗见证了对一切事物的深深的渴求，展现了一种"食人者般的饥渴"［关于"吞噬"概念，我们采用了《返乡笔记》的说法，见利利安·佩斯特·德·阿尔梅达（Lilian Pestre de Almeida）的研究］。

因此，我们必须从这种欲望的运动中进行选择，这种欲望是诗人在意象的潮汐中所激发的，它的巨浪不定期地冲击着我们的冷漠，总是使我们感到惊讶，总是扼住我们的喉咙，并试图抓住一些更隐秘的方面，一种可能没有确定的冲动/激情被"黑人精神"这一伟大目标所掩盖。

关于塞泽尔的话题，我们都说过了，他的人文主义，他对自己种族的执着的爱，他的反抗，他要求给予黑人、奴隶、被殖民者应有的地位。我们强调了塞泽尔让他人扮演的基督角色：叛逆者，梅特鲁斯（Metellus），克里斯托弗和卢蒙巴，他们为了人民的事业几乎献出了生命：

"宁可死亡，也不接受屈辱和不公正。"卡利班（Caliban）[①] 这样大声疾呼，这位塞泽尔的代言人最善直言，也最为高傲。塞泽尔在《返乡笔记》和《镣铐》中进行长篇大论，提出一个和解的世界"以及私密的风和默契的星星"，在读过这些文字之后，人们可能会对这种草率的、原始的、完全的否定感到惊讶。

我们忘记或假装忘记了一种被认为是丑陋的感觉，但这一感觉却是一种无法控制的力量。因为它介于卡利班那冷静的愤怒和《返乡笔记》中的奴隶暴动之间。

出乎意料地站立着
站在货舱里
站在甲板上
站在绳索间
站在血液里
站立着，自由着

这是一腔绵延35年之久的怨恨。我是说，塞泽尔在1936年到1970年这一时期一直表达着一种强烈而持久的仇恨情绪。当然，《返乡笔记》虽把这仇恨挂在嘴边，却流露出一颗充满仁慈之心：

不要把我变成一个怀着仇恨的人
一个让我只有仇恨的人……
但要让我成为一个启蒙的人，一个播种的人……

[①] 卡利班，莎士比亚戏剧《暴风雨》中的半兽半人怪物。——译者注

但被狗折磨的人却直截了当地向折磨他的人坦白：
我恨你，我恨你，我的恨不会消逝

大约二十年后，卡利班像回声一样，对他的主人普洛斯佩罗（Prospero）进行侮辱：

我恨你……
我知道总有一天我的拳头，
单凭我的拳头就足以粉碎你的世界

如果你仔细思考便会发现，这种发自内心的敌意也许正是塞泽尔诗歌的基础和主要动力，它与诗人融为一体，被诗人完全内化于心。在历史的每一步，在这个星球上黑人被白人欺负的每一个地方，这股仇恨都会复活。这仇恨有着激进的一面。

我的名字：受到了冒犯；我的名字：遭到了羞辱；我的状态：进行反抗；我的时代：石器时代。

即使诗人说这仇恨只是"爱的反面"，就像在《狗也沉默》（*Et Les Chiens se taisaient*）中母亲指责"叛逆者"的那句话：

"因为我恨得太深……"

他又这样解释仇恨：

"因为我爱得太深……"

的确，很多时候，只有在主人公意识到受害者的命运落到了自己头上时，仇恨才会爆发：

> 世界不会放过我……世界上没有一个可怜的人被私刑处死，
> 也没有一个可怜的人被折磨，我却在其中被谋杀和羞辱。

谁能忘记这些在世界广为流传的话语呢？那是被切成十四块的奥西里斯（Osiris），那是甘地，那是基督。唯一的不同是从来没有过对于刽子手的爱：

"我的眼睛里没有宽恕。"叛逆者说。

他的妈妈说："一颗充满斗争的心，一颗没有牛奶的心……我害怕你话语的子弹。"

的确，这种语言暴力是谋杀的载体，源自这首悲剧诗中产生的对杀戮的渴望，主人公在这首诗的叙述中透露出明显的快感，揭露了其他人的巨大丑闻。

母亲又说："这些不是人类的话。"她错了：仇恨和复仇的欲望是人类普遍的共同情感，完全可以理解。受害者对刽子手的爱是超越人类的，这就是为什么基督被塑造为主张"赦免他们，因为他们不知道自己在做什么"的神。

塞泽尔式的英雄实际上更像是非洲（或犹太人）意义上的大屠杀的替罪羊。他的死是他为自己人民的自由付出的代价，他是活着的人为了结束耻辱而送给诸神的重刑犯。[①] 不过不要要求他去爱，去爱敌人，去爱主人，去爱奴隶贩子！诗人塞泽尔是善良的基督徒

---

① 参考古代达荷美的巫毒仪式。同时可以参考乔治·塞涅尔（Georges Seigneur）的小说《雷卡代尔》（*Le Récadère*），La pensée universelle 出版社 1984 年版。

无法拯救的。①

但塞泽尔在这种刻骨铭心的仇恨里创作了无数的隐喻。

他把仇恨象征性地描绘为一条吐着毒液的蛇,"疯狂尖叫着诅咒那聚集成圈子的整个森林",或者把仇恨隐藏在"燃烧着的抽搐岁月"那更抽象的面具之下。他宣布"我的黎明在正午和海鸥的轰鸣声中破晓",或者他更明确地预言"顶着带发头皮的灾难"会到来。

最后,他召集了令人惊讶的军团,让他们与白狗看守和他们的黑人同伙进行最后的殊死对决:

> 我的兄弟们,栗子,咬牙切齿,
> 我的兄弟们,血之吻,砍下的头颅放在银盘上
> 流行病,我的姐妹;
> 癫痫症,我的姐妹,
> 我的朋友,鸢鸟,
> 我的朋友,火灾,
> 我的兄弟,枪膛里的火山,
> 我的兄弟,没有美人蕉装饰坡道的悬崖

他围绕这一主题收集了真正的侵略色彩的词汇:一大堆矛、箭、长矛、飞刀、匕首、斧头、大砍刀、大菜刀……这些都来自昔日非洲的村庄,但也能从安的列斯群岛的乡村找到,在那里,农民没有想到"他可以砍下任何东西,除了普通的手杖以外的任何东西"!

此外,塞泽尔还添加了炸药、沼气、硝石和各种的枪炮,包括

---

① 人类或许是可以拯救的。

手枪和行刑队,他对这些枪炮和行刑队明显表示出偏爱,也许是因为它们的射击精度更高的原因。

因为没有足够的武器,诗人就召唤所有的野兽前来助战,用"飞镖、发烧、毒液"对抗共同的敌人[《一场风暴》(Une Tempête)],从蝎子到鹿舌蕨,从鲨鱼到食人鱼,从海鳗到蜥蜴,从黄蜂到蚊子,从蚂蚁到狼蛛,从毒蛇到水蟒,从矛头蝮到洞蛇,等等。

在这方面,我们可以饶有兴趣地看到蛇这一非洲神话的基本元素是如何因其侵略力量而被塞泽尔拿来作为个人象征的:"它是安的列斯群岛上特殊的危险动物。"毫无疑问,这让人隐约想起伊甸园的那条蛇,是它破坏了耶和华精心安排的计划,"你那分叉的舌头是我的纯洁所崇敬的,你这叛逆者"。

"这个国家在咬人。"他又说,这无疑比诗人关于吃人的猜测说得更加露骨,"你不会离开,除非你感觉到我的话在啃食着你愚蠢的灵魂"。卡利班也咬得很紧,岛上所有肮脏的野兽都是他的朋友,此外还有他称之为"歇斯底里的耳光"的大海,因为所有的大自然都被拉来投入这场无情的斗争。

在世界上所有的诗歌中,这部作品最完整地汇集了各种自然灾害。

诗人用他魔法般的词语操纵着灾害:地震,海啸,飓风,洪水,火灾,火山喷发,只要能加速"被愤怒的上帝摧毁的城市轰然崩溃",什么词都可以拿来一用。这依然是从互文角度对《圣经》的回忆,哦,所多玛城(Sodome)和蛾摩拉城(Gomorrhe)!

实际上这是塞泽尔式的愤怒,被他推到了世界末日一般的程度:"我从来不开玩笑,除非在1000年!"

因此,从一本书到另一本书中,我们可以看到诗人原本状态的怨恨,他那"武装的呐喊",他那"披风和剑的语言"。他战斗的各个阶段都被详细地记录了一遍又一遍。这不是打架,这是百年战争:

非洲，我的狂热藏在树叶下，为我所用，

在愤怒里，躲避着心灵，

我隐藏了一把消除纷扰的钥匙

用它摧毁一切……

没有必要反驳我，

我只听到

那些在城市更替过程中发生的灾难

为了实现这样的行动，不仅需要勇气，而且需要一种有灵感、有气势的仇恨！要将其小心翼翼地用一个更容易接受的词将其掩盖起来，这就是："革命斗争"。

人们可能会问，为什么会产生如此强烈的憎恶？它是什么时候又是怎样形成的？是因20世纪30年代马提尼克岛学生们普遍存在的不安心理而产生的吗？这憎恶情绪是由什么组成的？是否存在于辩证的难题之外呢：白人/黑人，主人/奴隶，压迫者/被压迫者？（"难题的难题"）

此外，难道不是还有一种智力和技术的力量进一步加深了这憎恶吗？不管我们愿不愿意，这种力量的形式已经深深印在了被殖民者的思想、文化甚至表达之中。关于这一点，我们可以去重读阿尔贝·梅米（Albert Memmi）和法农的作品。[①]

达玛斯反抗那些"闯入我的空间"、强迫他把班卓琴换成小提琴、把克里奥尔语换成"法国法语"的人，而塞泽尔则向非洲的埃舒神（Eshu）和尚戈神（Shango）发出呼唤，以示抗拒。他同样也会祈求希腊神话的诸神：珀尔修斯、普罗米修斯。

[①] V. Y. 米丹布（V. Y. Mudimbe）和 A. 古农贝（A. Gounongbé）等一些人为了解释黑人的进攻性，甚至提出白人神父是被他们所杀。

不过，珀尔修斯割下了美杜莎的头，这是一个诱惑凡人的女人，凡人只要看上她一眼便会着魔。杀她很有必要，因为她会诱惑人。西方文明也是如此，怎样才能爱上它、得到它、保护它呢？这是一个棘手的难题，在美洲、非洲和亚洲，数以百万计的殖民地人民仍在为之苦苦挣扎。

至于普罗米修斯，他因为偷走了火神的火而被钉在岩石之上，这难道不是吸引——排斥运动的类似象征吗？低人一等的人想要夺走火种和锻造的秘密，以便改变自己的世界。他试图扭转控制他的奥林匹斯山的力量平衡，同时保留代表他权力的有效工具：钥匙。而那只吞噬黑色普罗米修斯肝脏的秃鹰，不过是代表着塞泽尔对自己只成功了一半的绝望。在某种程度上，这同时反映了人类面对命运和宇宙的残酷而生出的绝望之情。

塞泽尔式的情感便是由这一切形成的，为他的"恐怖分子"生活提供了坚实基础。

但是，可怜的塞泽尔，他被困在一个文明的、训练有素的学者和部门化的议员的双重角色之间，他还能有什么作为？要让他去死吗？

所以他会把自己分成两面，成为安的列斯群岛人对他期望的样子。这些人既不想要战争，也不想要灾难，只是期待更多的城市、更多的舒适、更多的消费，塞泽尔将成为这些人的市长，他们的好父亲，他们的"塞泽尔爸爸"。

要探索塞泽尔的"宫廷一面"，只要读一读帕特里克·沙穆瓦佐在他的小说《德士古》中的客观描绘就足够了，因为其中不会有太多的同情色彩。从小说中可以看到，当后来成为市长的塞泽尔来到贫民窟时，他毫不犹豫地涉着泥泞步行，人们的喜悦溢于言表：

他给了我们变成别的人的希望。你看这个从前的黑人小孩，他现在如此高大，如此强壮，如此博学，如此善辩，他让我们看了令人兴奋的我们自己的形象。我们现在感觉可以渡过难关，可以征服城市。当他要求我们投他的票时，我们像一个人一样都投了他的票，把他送进了市政厅。除非我死了，除非我的骨头枯干，否则没有人能把他从里面弄出来。

因为，事实上，这是一个征服城市的想法。为了解他的选民的确切愿望，还是让我们再读一遍《德士古》：

附近的城市就像面包树旁边的小屋。拥有社会保障，寻找成为公务员的机会，拿学校的知识来拯救孩子，在一个个的售票处前闲逛，学习开启复杂生活的要领——所有这些都比较容易。

城市是改善生活的稀缺资源的基础，因为想要说得好就得做得好。生活是给人过的，因此会有叙利亚人的商店、涤格尔床单、理发师、电灯、公司、法国的商品——这些东西不是哪家劣质商品生产商从岛屿上带回来的，它们对我们的吸引力远比压碎的鲨鱼肝脏对一群骡子的吸引力要大得多。

塞泽尔心地善良，在下层社区遭受灾难或镇压时会及时赶到，寻求有效的解决办法，如建设特勒内尔社区（Trennelle），保留德士古公司以对抗贝柯人（Béké）[①]的利益，尽管后者声称拥有这处地点的排他使用权。塞泽尔做的所有这些都受人称道，被认为处理

[①] 贝柯人，安的列斯群岛的克里奥尔人，为白人移民的后裔。——译者注

得当。

阅读这些小说是深入了解安的列斯群岛问题所必需的，小说能够揭示当前存在的各种力量的复杂性。文学作品中看到的塞泽尔更能适应社会，他是一位真诚而受欢迎的政治家。

但这只是他作为普通人的一面，是他在街上或乡下与人相遇时、与人们接近时所展现的一面。他在《镣铐》中写道："我脆弱的海湾里温柔的脸。"

塞泽尔的另一面则是喀拉喀托火山或佩莱山的一面——这是一种无法抑制的愤怒[①]的另一个隐喻，这种愤怒肯定只能用语言来表达，化作怒火，寻求永远无法满足的复仇；因为这种报复实际上是难以实现的；因为人在道德上被一种美丽的人文主义良知所束缚，这是基督教教育、希腊拉丁文化研究、马克思主义意识形态和社会主义民主共同结出的果实，完美的果实。

有些东西是作为议员兼市长的他在现实生活中找不到的，所有这些，除了诗歌以外还能到哪里宣泄呢？总之，这就是连通器的原理。他唯一能够驱逐、净化、宣扬他那无法补救的幻象的地方，唯一能够说出他受到秘密折磨的地方，只有诗歌。

在某个地方需要出现"早晨的大黑鬼和黄昏的强奸犯"，这是一个可能殴打人、侮辱人、诅咒人、消灭人的人。

法国人从未完全信任过塞泽尔这位议员，这当然不足为奇。他固然可敬而且举止彬彬有礼，但他写出的东西却是如此之可怕！

> 蛇的河流，我称之为我的血脉
> 城垛的河流，我称之为我的血液，

[①] 参见皮埃尔·布吕内尔（Pierre Brunel）：《神话批评》（*Mythocritiques*），PUF 出版社 1992 年版，以及塞泽尔关于火山神话的段落。

萨盖斯河，人们称之为我的脸庞，
一百颗星星将在季风中撞击自流岩石。

当然，这是超现实主义，没有什么要去理解的，但在资产阶级的法国伽利玛出版社出版的作品中读到下面这样的东西还是会令人惶恐不安的：

黑色的嚎叫，黑色的屠夫，黑色的私掠船

或者看到"以圣灵的名义被宣告无罪的杀人犯"，像一面旗帜一样挥舞着"几个世纪的厚厚的唾沫，在三百年里成熟"。三百年中，人们在灭绝"人间的种族，匍匐在地的种族"[1]，这是真的吗？

然后他说："就像从新鲜的遗忘中消失的记忆一样美丽，复仇与白昼一起升起。"这难道不是用了威胁的语气吗？他想要什么？他在找寻什么？他们难道没有得到他们想要的吗？莫非得到的还不够吗？让我们听一听他是怎么说的：

太晚了，我不属于任何人……
我们不要走出失落的门廊吗？
我没有什么可害怕的，我比亚当来得更早，
我不是同一只狮子的后代，也不是同一棵树的后代，
我属于另外一片温暖，属于另外一片寒冷

哎呀！还是不要把这些诗列入学校课程吧，这比鲍里斯·维安

---

[1] 参考阅读黑非洲基础研究所（Institut fondamental d'Afrique noire）会刊中路易丝·玛丽·迪奥普（Louise Marie Diop）关于黑非洲人口减少问题的文章，以及杂志《提亚纳巴》（*Tyanaba*）（马提尼克法兰西堡）。

（Boris Vian）或阿尔托（Artaud）的作品还糟。

但你们会说：那是很久以前的事了，从那以后诗人就平静下来了。痛苦常常能够掩盖仇恨，焦虑和怀旧已经取代满腔的愤怒。当然，漫长人生路，总难免会交上一笔过路费……

然而，当我翻阅《我，海带……》时，不能不注意到塞泽尔的伤口始终没有愈合[①]。他之所以决定生活在伤痛里并以此为居所，是因为他拒绝忘记。而拒绝忘记受到的挑衅，也就意味着拒绝原谅挑衅者。

在《叛逆者》杂志的审判法庭上，他们不再被判处死刑，而是被判处终身监禁。你得习惯这变化。当然，没有赦免，更不要说人家会把另一张脸让你打了。

塞泽尔至多会认为自己和非洲一样，是"向世界上所有受伤的手张开的手"。我不知道他今天是否仍然相信这种普遍存在的饥饿，相信这种普世的友爱，这种"无论多么笨拙都必然会到来的友爱"。

这真是令人遗憾。不过，让我们不要因怨恨偶然生出的遗憾，这种怨恨镌刻在坚硬的火石上（"法农，火石武士！"），这种石头在新石器时代被用来制造武器，穴居的人类凭着这样的武器才能够与熊、狼和野牛作战，才能够形成这种关于困难的哲学，这种战斗的意识形态，这是人类所有劳动的基础。

有一种强烈的恐惧萦绕在人类心头，人们担心有朝一日火石不再敲击，火山内部不再隆隆作响，不再向我们喷出它的"硫黄和熔岩之树"，一改它的"草原和苔原的脸庞"和它的"邪恶的嘴巴"。如果这样，唉！诗人就将不再写作，只剩下一位有些凄凉的老先生，思考着一个他无意再去改变的"一切皆浮华"的世界。

[①] 参见《潟湖的历法》（*Calendrier lagunaire*）、《裂缝》（*Crevasses*）、《阴谋》（*Conspiration*）《通道》（*Passages*）、《百鹮和西非小猴》（*Ibis-anubis*）等诗。

但谁能阻止塞泽尔的诗继续喷射火焰呢？这会点燃更多的暴动和更多的诗人吗？如大卫·迪奥普（David Diop）、爱德华·莫尼克（Edouard Maunick）、奇卡亚（Tchikaya）、布克曼（Boukman）、菲隆博（Philombe）、蒂坦伽（Titinga），以及其他的时代的诗人：科尔班（Corbin）、蒙乔阿奇（Monchoachi）、卡迪玛（Kadima）、弗朗凯蒂安（Frankétienne）、诺坎（Nokan）、扎迪（Zadi）、卡伊莱蒂纳（Kaïredine）、德·阿尔梅达（Lilian Pestre de Almeida）、埃博尼（Ebony）。以及其他的地区：扎伊尔[①]、巴西、玻利维亚、苏丹、安哥拉、索马里。总之是在任何黑人权利受到践踏、人权遭到破坏的地方。

《作品与批评XIX》（*Œuvres et Critiques XIX*），2，J. M. Place 出版社，1994年，诗人塞泽尔80年诞辰80周年纪念研讨会

[①] 即今天的刚果（金）。——译者注

塞泽尔接受拉瓦尔大学的采访

摘自艾梅·塞泽尔于1972年4月10日在魁北克拉瓦尔大学举行的记者招待会。法语系主任米歇尔·泰图（Michel Tétu）先生向塞泽尔先生了解《返乡笔记》的创作情况。

艾梅·塞泽尔：《返乡笔记》不同于《镣铐》，这也不是练习，而是一些简单的东西，一种关系，一本真正的笔记，我认为这很重要，因为我开始时并没有准备要写一部文学作品，我也没有提出要写一本诗集。当我开始写作的时候，我想写诗，但是在某个时候，我认为我的那些诗只配一件事，那就是被撕碎。我于是决定放弃诗歌写作。

在那一刻，我说："好吧，我不是一个诗人，这并不重要，您知道，人不会因为不是诗人就得死，我还可以做点别的。"我于是开始表达一些东西。我不知道为什么它应该用散文写，这不是诗句，表达了一种自我的关系，一种对自我的追寻。表达形式是个性化的，我没有任何特别的审美顾虑，因此有了"笔记"这个词，后来写成了《返乡笔记》。人们告诉我这是诗歌，我这才恍然大悟：原来只有放弃诗歌，才能找寻到诗歌。

这就是《返乡笔记》，是一种寻找，一种探索，一种苦行，一种自我找寻，一种身份的寻找，对集体的定义，所有这些就是《返乡笔记》。它象征着回归源头，生根发芽，这是一种词语的发明，是对未来的投射。

米歇尔·泰图：就这样您放弃了诗歌，却又开始写诗，您被奉为伟大的"黑人精神"诗人之一。您后来出版了很多作品，很快就与达马斯、桑戈尔并称为三人组。你们创造了"黑人精神"这个词。我首先想要问您，根据您的诗歌创作经历，在当时，"黑人精神"代表的是什么？之后我们还将讨论"黑人精神"在当今的意义。当您和达马斯、桑戈尔一道创造这个词时，它代表的是什么？

艾梅·塞泽尔：泰图先生，嗯，的确如此，我承认，我是"黑人精神"一词的创造者之一。我知道这个词经常被曲解，我也知道现在的年轻人对"黑人精神"这个词的反应非常激烈，我十分理解他们消极的反应。（……）但我想告诉年轻人，若要理解"黑人精神"，不必太多地考虑它随着时间的推移而发生的变化。为了做到公正——就像对待任何事情一样，必须将其置于历史背景之下。我根本不相信什么永恒的教义，也许我应该放弃它，也许我应该埋葬它。

我不认为我是一个一成不变的人，我是一个尽可能不教条的人。我的"黑人精神"属于历史。它诞生于特定的条件下，在当时，它根本没有什么不可告人的目的。但后来，"黑人精神"被用来掩盖了很多事情，也许这就是现在许多年轻人为之气愤的原因。

其实，"黑人精神"是一件非常简单、非常具体的事情。那是在1935年前后，整整一代人生活在法国巴黎，当时的巴黎是一个相当独特的地方，因为在那里我遇到了来自世界各地的黑人，讲法语的黑人，甚至美国黑人。因此，当一大群有色人种聚集在一起时，就可以交流经验，交换看法。

在当时的法国，人们从殖民的角度出发，认为黑人在这个世界上从来没有做过什么事，人们所能做的最好的事，就是把黑人看作是一种应该清理掉的人，仁慈一些的殖民者对待黑人可能会像陶工对待泥巴那样，认为可以把他们随意塑造成什么。思想最进步的人士认为：天哪！我们不应该绝望，我们可以把他们变成黑皮肤的法国人。我想英国人也有同样的想法，认为他们可以培养黑皮肤的英国人。人们可能会写一部文明史，却不会拿出一章来介绍非洲历史，因为非洲不是文明之地。简言之，白人给予我们的是白人的形象，他们被设想为原型和目标、历史的终结。

这就是我们所要反对的。我们不想把自己封闭起来，因为我们也投身到了这个世纪。我们受到了当时每个人都受到过的影响，但我们感到有必要对此提出反对。在我看来，"黑人精神"首先是对遗产的肯定和要求，是对黑人遗产的重新评价，是对非洲的重新评价。这听起来很幼稚，对今天的所有年轻人来说这都是不言而喻的，然而在非洲还是野蛮之地的时候，这却是真的。我们首先提出非洲是一个文明之地。文明不可能是黑色的东西，这真是一个极其大胆的词语组合。但我们曾声称属于非洲，我们重新拥有了非洲，我们是非洲人。就是这样。因为黑人这个词被认为是一个贬义词，而我们把它当作一个挑战，因此，这个词在表达对现实的忠诚，是在声明我们不仅要忠于这一遗产，而且要将这一遗产发扬光大。

其次，这也是另一回事。这是对团结的肯定，跨越时间的团结，全世界的团结，这意味着所有黑人——无论他们是谁，无论他们有多么不同，无论他们所处的历史条件有多不同，所有黑人都有着共同之处，我们也愿意证明这种团结。换言之，这种黑人的普世主义，我们认为有必要大声说出来，让世人都知道：我们并非对刚果发生的事情无动于衷，我们并非对海地发生的事情漠然视之，我们也不是对美国发生的事情漠不关心。

所以这就是"黑人精神"，它是一个非常简单的事，一个非常自然的过程，是在寻找和定义一个身份，它既是个人的，也是集体的。所以，我很清楚，"黑人精神"有各种各样的变化形式，这是很自然的。我很抱歉这些关于学校的记忆，但是我的哲学老师在教我们康德的思想时，会给我们介绍后康德主义，他会讲不怎么高明的双关语，他说："每个人都有属于他自己的康德。"好吧，那么我要说每个人都有属于他自己的"黑人精神"（……）所以，每个人都创造着他的"黑人精神"，当然也还有其他的"黑人精神"，我不知道有多少东西是打着"黑人精神"的旗号出现的！但我想说，一开始时就是这个样子。

然而，有一种观点受到了很多的攻击，而我也并不敢苟同，他们认为有一种称为"黑人精神"的特质。这一思想有点像是被颠倒的戈比诺主义（Gobinisme）①，不是吗？世间存在黑人灵魂，就像存在诸如斯拉夫人灵魂的其他灵魂，历史因此成为这种本质在时间中的展开。我不相信有黑色的灵魂，它根本不存在。"黑人精神"存在于历史之中，并受历史的制约。这就是我对"黑人精神"的看法。我不知道"黑人精神"是否还有用处，但无论如何，我认为它是一种提高意识的工具。

魁北克，1972年，雪

接下来，我将引用雅克利娜·莱内（Jacqueline Leiner）对塞泽尔的另一次采访的摘录，同样关于"黑人精神"的话题。

艾梅·塞泽尔：关于"黑人精神"这个词已经有很多论述，桑戈尔谈过，我谈过，还有其他人也谈过。但是显然，所有这些论述彼此间都有细微不同，同时又有相似之处。我认为桑戈尔所说的

---

① 约瑟夫·阿蒂尔·戈比诺（Joseph ArthurGobineau，1816—1882），法国外交官、作家、人种学者和社会思想家，主张白人，尤其是雅利安人优于其他种族。——译者注

"黑人精神"其特点是渴望复兴。我记得他自己也说过："这是对非洲价值观的捍卫与证明。"这一点很重要。很明显，我所说的"黑人精神"不可能是那样的，因为我和桑戈尔是不同的。桑戈尔是非洲人，他身后有着一片大陆，一部历史，有着千年的智慧。而我是安的列斯群岛人，所以我是一个背井离乡的人，一个被肢解的人。因此，人们要求我更加强调对身份的悲壮的追寻。我知道这种追寻对于桑戈尔是不必要的，因为他就生活在他的存在之中，自然能证明这一点。而对我来说，这是一种寻找，是一种尝试，一种干渴，一种饥饿，你可以认为这就是给这一尝试带来某种悲伤色彩的原因。话虽如此，它们却属于同一思想的不同领域。我这里谈的是差异：性情的差异，人与人之间的差异。但也不应忘记存在巨大的相似之处。在我看来，"黑人精神"是一件非常简单的事情，我认为这是不言而喻的，它是对一种身份的肯定。你问我是谁？首先，我是一个历史悠久的群族的一员，我是一个黑人，这是基本的前提。这就是我身份的定义，所以我属于一部历史。其次，这是对忠诚的肯定，换句话说，在我看来，没有否认的余地，而应坚持某些东西、某些价值观、某些文化，因此要拒绝愚蠢的同化。最后，这是对团结的肯定。这意味着我能感到一种团结，我感到要声援所有正在战斗的人、正在受苦受难的人、正在为自由而斗争的人，首先是那些遭受最深重的苦难的人，那些经常被遗忘的人，我指的是黑人们。

——法国国际广播电台1984年在巴黎发行的一张关于塞泽尔的唱片的录音

诗人兼政治家塞泽尔

人们曾经常常将作为诗人的塞泽尔和作为政治家的塞泽尔对立起来，这位不同寻常的人物给两代非洲知识分子都留下了深刻的印记，今天在高中和大学，学生们依然在学习塞泽尔的思想，塞泽尔每每令他们心潮澎湃。

在他诞辰80周年之际，我认为回答以下这个经常被问及的问题会对大家更有所帮助：作为伟大的有着"黑人精神"的叛逆者塞泽尔，怎么会同时又担任法国议员长达40年之久？

事实上，对于非洲人来说，他们只知道作为诗人的塞泽尔，他与桑戈尔、达马斯、阿利乌内·迪奥普（Alioune Diop）和其他人一道提出了"黑人精神"。

"黑人精神"运动不仅是一场文学运动，其目的不只是想通过《非洲存在》和《非洲文化协会》（*Société africaine de culture*）等杂志将来自三大洲的黑人团结在一起。"黑人精神"运动是黑人反抗西方及其对第三世界的控制的一种情绪表达，它反映了殖民地国家要求获得自由、给予黑人尊严、实现非洲大陆文化价值的合法性的诉求。

塞泽尔曾写过这样一篇奇异的祷词：

赐予我巫师的狂野信仰，

> 赐予我双手塑造的力量，
> 赐予我的灵魂剑的力量，
> 让我成为这个独特民族的爱人，
> 让我成为他们热血的管家，
> 让我成为他们怨恨之情的守护者

通过这首诗，塞泽尔让自己成为了被殖民的黑人内心情感的解读者，他们的情感都在他的身上产生共鸣。他的话语是如此的铿锵有力，他的心是如此的坦白真诚。

当哈米杜·迪亚（Hamidou Dia）[①] 今天谈到"塞泽尔火热的笔记"时，他很好地表达了任何愿意阅读或收听整部《返乡笔记》的人感受到的炙热情感。

因此，这是一首政治介入性诗歌，其中战斗的设想刺激了读者，把他们从舒适和冷漠中驱赶出来，不管他们有着怎样的文化水平。因为我们至少可以说，塞泽尔的诗歌根本不是为一般大众所写！他的诗中充满了学术术语、新词和极其复杂的句法，但读者迅速群扩大到安的列斯群岛的克里奥尔人、讲英语或葡萄牙语的黑人，并以最快的速度传遍了整个非洲大陆。当埃利·佩农（Elie Pennon）用克里奥尔语即兴朗读塞泽尔的伟大诗歌时，人们聆听到了词语拗口、意思晦涩的诗句，挤满整个剧院的年轻的安的列斯群岛人欢呼雀跃。

当杜塔·塞克（Douta Seck）大声朗诵完克利斯托弗国王的最后的长篇作品时，所有的塞内加尔人也都在电视机前潸然泪下。不仅仅是因为杜塔在唱他的天鹅之歌，更是因为他变身为了克利斯托弗与塞泽尔的合体，而在他身上死去的则是非洲和海地。

[①] 塞内加尔第三代作家。

这首诗很好地传递了政治信息和人道信息，尽管语言像面具，但却锋利如刀。尽管非洲听众听不懂诗歌的语言，尽管句子显得凌乱，但这就是他们听到的信息。

但我们到底对作为政治家的塞泽尔了解多少呢？他最初是法兰西堡中学的教师，1946年当选为议员。

他在1949年组织投票使马提尼克成为法国的海外省，安的列斯群岛人因此失去了一次尽情欢乐的机会，但同时也免去了独立后带来的失望和痛苦。

自1949年以来，他一直担任法兰西堡市长，这是他最喜欢的角色，让他成为小王国里真正的克利斯托弗国王。

1956年，他因不满法国共产党及其关于海外省和海外领土的政策，以及赫鲁晓夫关于斯大林的报告而脱离共产党。之后，他创建了马提尼克进步党，并要求安的列斯群岛实现自治，而非独立。

在1960年关于阿尔及利亚独立问题的全民公决中，戴高乐和马尔罗（Malraux）说服塞泽尔投了赞成票。非洲民族主义者很少注意到这一点（当时只有几内亚投了反对票！），但是整个安的列斯群岛的左派都怪罪于他，包括当时在阿尔及利亚战斗的法农（Frantz Fanon）和布克曼（Boukman）的支持者。法农并不因此而怨恨他，但布克曼却加入了塞泽尔的反对者行列。今天，他们对塞泽尔进行了双重审判。

首先是对"黑人精神"的审判。

15年前，作家爱德华·格利桑特（Edouard Glissant）提出"安的列斯群岛精神"作为"黑人精神"的另一种替代。在这方面，让·贝尔纳贝（Jean Bernabé）教授和小说家拉斐尔·孔菲昂（Raphaël Confiant）、乔治·沙穆瓦佐（Georges Chamoiseau）写了《克里奥赞歌》（*Eloge de la Créolité*）。

"克里奥尔精神"倡导安的列斯群岛人的身份，而反对黑人意识，因为黑人意识被认为过于狭隘且主要面向非洲，例如，克里奥尔精神重新推崇印第安的出身，强调研究、写作、出版和教授克里奥尔语，将其作为表达加勒比灵魂的媒介，而不是"黑人精神"所主张的法语。

这场"克里奥尔精神"运动汇集了相当多的年轻学者和作家，如前面提到的三位领袖，以及勒鲁扎（Relouzat）、安瑟兰（Anselin）、苏莱娜（Surena）、塞尔日·帕蒂安（Serge Patient）、S. 德拉西于斯（S. Dracius）、若里夫（Jorif）、塞尔日·多米（Serge Domi）、普吕当（Prudent）和蒙乔阿奇。

这些学者非常活跃，在一些杂志（*Antilla*、*Karibel*、*Carbet*，以及最近问世的 *Tyanaba*）上发声，无意间又开辟了埃及及其传说这两个研究领域。

也许谢赫·安塔·迪奥普（Cheik Anta Diop）在美国大学也参与了这些研究工作。

这一切都很好，唯一的问题是，这些作家和杂志对塞泽尔的正义态度产生了非常激烈的反应，他们先是违心地承认"我们都是塞泽尔的儿子"，之后明确地声明他们打算摆脱这位烦人的父亲。

这样做就过分了，太过分了，拉斐尔·孔菲昂在杂志 *Karibel* 上每周都对塞泽尔进行侮辱。最近，他在法国出版了一本恶毒的小册子，揭露塞泽尔所谓的"欺骗行径"，以及他的具体政策与他诗歌中标榜的原则之间的矛盾。孔菲昂的仇恨真的是发自内心的：这就是桑戈尔所说的隐秘的个人对立。而伤痕累累的塞泽尔对这场战争一无所知，他感到受到了不公正的批评，甚至受到了迫害。另一边，乔治·沙穆瓦佐获得了"龚古尔文学奖"，而孔菲昂每两年便成功出版一本小说。

因此，在几年内，"塞泽尔的孩子们"的不同立场变得更加坚定，知识分子阶层现在分为两个阵营，与克里奥精神派相对立的塞泽尔派有图姆森（Toumson）教授和瓦尔莫尔（Valmore）教授、作家德斯波特斯（Desportes）、波纳马（Ponamah）、科尔班（Corbin）、奥维尔（Orville）、马克西曼（Maximin），以及《法兰西—安的列斯报》(*France-Antilles*)，这份报纸相当于达喀尔的《太阳报》(*Le Soleil*)。

在马提尼克，对塞泽尔进行的第二次审判纯粹是政治性的。

事实上，这是对马提尼克进步党领导人的审判。其他政党，如国会议员玛丽-让娜（Marie-Jeanne）的政党变得更受欢迎，最重要的是，自1980年社会党上台以来，人民党的要求一直被搁置。

能够在自己的家乡成为先知是很困难的事，而要做40年的先知则更是难上加难，不过这可能是无法避免的。

但我们必须承认，马提尼克人在政治和社会层面上表现得有些贪得无厌。

这个国家已经完全改变了模样，法兰西堡成为一座美丽的城市，安的列斯群岛人领取法国的工资、失业金、最低工资、家庭津贴、社会保障（或者几乎同等的社会保障）。正是他们的议员兼市长清理了城市，在各地建立了学校、食堂、诊所和青年中心。这个国家迅速繁荣富庶起来。但人们却总在抱怨，就像法国人在法国那样的做派。

在来自非洲的我们看来，这些成就简直就如同梦境一般：儿童全部入学，每两个马提尼克人就拥有一辆汽车！当然，和其他地方一样，这里也会出现经济衰退，但他们得到了法国本土的支持。安的列斯群岛的一半人在法国本土工作。

他们对塞泽尔还有什么不满呢？我认为他已经做得再好不过了。争取独立吗？他们从来没有想过——一小撮人除外，但他们独立的设想从来没有被认可。尽管塞泽尔作为议员在1956—1959年及以后曾梦想独立，但他认为不应该背叛自己的选民。马提尼克岛的安的列斯人在1949年成为了法国人，而今天他们仍然希望自己是法国人，甚至孔菲昂之类的人也抱有如此的想法。他们想要享受不同的文化政策，或者更多的社会职业福利，但绝不愿意去冒险。一切都说得十分明白了。的确，非洲的发展变化也使得他们不愿去那样做！

那么，从这一切我们可以得出怎样的结论呢？

代际冲突是一件可悲的事情，但却是一件非常平淡无奇的事情。我们在塞内加尔经历过这种情况，桑戈尔也受到过同样的质疑。当然，桑戈尔精通一种无与伦比的技巧来控制对手，而这种技巧是塞泽尔所不具备的。他忍受痛苦，他愤懑不已，他闭上双眼，他保持沉默。面对挑战，他报之以沉默和蔑视。但这却不利于和他人对话，因为我们不禁会想，他的这些"孩子"之所以变得如此暴躁，只是因为他们没有得到过爱。如果塞泽尔想给他们一些鼓励，他会怎么做呢？无论如何，从非洲和全球的角度来看，这些对抗只是局部的小问题和人与人之间的争吵罢了，与这位诗人在过去十年中不断扩大的国际声誉相比，这些对抗的影响无足轻重。理论会消失，阴谋诡计会消失，只有美好的诗歌会长存人间。

对我们而言，塞泽尔仍然是"有着神奇武器"的诗人，是"火热的返乡笔记"的作者，但他意义深邃的诗歌也经历着考验与伤害：

  因为这样的伤害
  长眠于此
  在我的头上
  躺在一个大池塘里，
  没有任何声息
  失败，失败，广袤的沙漠

最后，正是有了塞泽尔的"话语面包"，在安的列斯群岛、非洲或其他任何地方一样，我们才有了耐心和希望：

在旷野，不是有一滴水在做梦吗？
一阵低声絮语
在旷野，不是有一粒飞翔的种子在做梦吗？
一阵高声呼喊
够了，沙漠，沙漠，我忍受着
你在花粉旅行地图上的白色挑战

达喀尔，1993 年 12 月 6 日

发表于美国俄亥俄大学《非洲文学研究》（*Research in African Literature*）

重读《我，海带……》

塞泽尔越来越多地借助诗歌来呼吸，仅仅是呼吸。

在过去，他主要通过诗歌实现爆发——他现在有时仍然会这样，但《我，海带……》这首诗常常变成驱魔的咒语，这种口头表达手段可以用来驱除鬼魂和幻想，可以打破命运、历史、落后、思想、年龄的恶性循环……"正是通过诗歌，我们才可以直面孤独。"他对 C. 罗威尔（C. Rowell）这样说。

随着他年龄的增长和逐渐从议员和市长的位子退下来，他的孤独与日俱增。他一年之中有两次机会成为民族神话，而在其余时间，他就是一位年老的先生。

《我，海带……》① 是令人惊讶的诗集名称，最初的书名为《辉绿岩》（Diabase），这显然受了色诺芬（Xénophon）的《远征记》（Anabase）的启发，希望设计同样的文字拼写游戏。

这是塞泽尔第一次把自己放在如此突出的位置：我，并为自己定义：海带。海带是一种长长的藻类植物，附着在加勒比海水下的岩石上。在海浪的冲击之下，他看到了这种植物，并将其作为自己身份的象征。

对于这里讨论的主题以及风格，熟悉塞泽尔诗歌的人都不会感

---

① Seuil 出版社 1982 年版。

到陌生。这些短诗每首都只有半页或一页，是在 10—15 年间创作的，其顺序与本版所选的顺序无关。因此，如果想根据诗集的顺序来推测诗歌的结构或者所表达的感情，肯定是毫无意义的。

然而，塞泽尔从来没有像在这最后一本书中那样倾诉，倾诉他对诗歌的情感，倾诉文字的价值。这些文字是他获得力量的载体，是通过其他方式无法实现的。

这就是为什么我们不将思考的重点放在解释思想或象征上，就像我们以前所做的那样[1]，而是放在文字上，聚焦塞泽尔与其诗歌的文字之间的关系上。

因为文字最终是诗人唯一的工具，也是他唯一的宝藏。请诸位来看一看他是如何根据追求的需要来使用文字的：诗人把文字放在他的储藏室里：

欲望的太阳能集热器，在寒冷的时候把热量分发给人民。（第 23 页）

或者他在炼金炉中慢慢烹调文字：

慢慢熔炼黄金这个词
从它的耳朵，
直到它的嘴巴：火山（第 22 页）

或者当作痛苦中的精神食粮：

你必须知道如何让三个元音的新鲜的水

---

[1] 见我们对《返乡笔记》进行的批评，圣保罗，Les classiques africains 出版社 1982 年版。

穿过整个血液的厚度……（第 66 页）

有的整首诗都在文字上绽放，比如美丽的《词语－马孔巴》（*Mot-Macumba*）。这些词被呈现为巫毒教的罗阿神（Loas），骑在他们恍惚前行的追随者的身上：

这个词是圣徒之父
这个词是圣徒之母
凭着游蛇这个词，你就可以穿过开曼群岛的河流
我有时会在地上画上一个词
有了一个新鲜的词，你就可以一日之间穿过沙漠
凭着游泳棒，你就可以驱赶鲨鱼
凭着闪格神
我有时会在"海豚"这个词的背上游来游去。（第 42 页）

这是一个快乐的时期，诗人仿佛掌握了一种口头杂耍的秘诀，在文字间尽情飞舞，这让人不禁想起尼采，想起他为舞蹈所做的辩护……

* * *

但这份优雅并不长久，远远不能，而且诗人经常遇到"无法言说"的情况。有的时候，词语还会背叛他，成为"一大堆流到角落里的词语"。因此，诗人便会十分尴尬，感觉"丢失了某些东西，一把钥匙，或者自我迷失一般"（第 34 页）。他的语言于是变得尴尬、迟钝、庸俗：

它是中空的，
它不会被拔掉……

它会散开（坚定地变软）……
它会攀缘（第43页）

它吞咽，反刍，消化，
我知道狗屎和解决办法，但狗屎！（第20页）

还是老一套，
我肚子上的大伤疤……（第31页）

就这样，这个动词被"泥泞而暗淡的"的淤泥所吞噬，被海浪的唾液所吞噬。还有许多诗因受到坏天使的诱惑而沉没在麻木的沼泽之中。

然而，"语言的怨恨引导着我们"，再一次让塞泽尔堕入噩梦，于是他使用这些词作为驱魔的咒语：

"雷鸟"这个词
"湖龙"这个词
"林鹗"这个词……（第24页）

因为倘若这些词能够召唤鬼魂，它们也能召唤怪物，并给他每天带来被蛆虫吸去的氧气：

晨曦
臭氧
性敏感带
一些让人昏昏欲睡的词语（第20—21页）

在《巴图克》（*Batouque*）一诗中，我们发现了塞泽尔诗歌写作中的循环精神病的交替[1]。但在循环精神病中包含着另一个循环：思想的辩证运动。由于不断重复而没有客观环境的进步，这一运动就会变成恶性循环。

大家还记得，塞泽尔在二十年前曾断言："没有一个循环是恶性的。"（《斩首的太阳》）。

但今天他却写道：

我们在转圈（第 30 页）

把它变小……
别在浪费……（第 50 页）

只有麻木的预备队可以调动……
除了我在尤玛低沉的笑声下的移动
除了雾的统治……
仅仅是过去，它那遥远的炮声……
而这个需要逐步克服的错误
总是让我来发明每一个水源（第 32、33 页）

从那时起，他发明了很多：他的水源，他的水井，他的泉水……

他还是用词语找到了它们，创造了它们；词语就像是戽斗水车，他解释说：

---

[1]《塞泽尔：其人其作》，前揭书，第 80—82 页。

戽斗水车可以刮深。正是它使我能够理解我的自我：正是通过这个词，我触到了底部。①

　　当然，这不是普普通通的词，诗人在寻找它们，在找到它们，在尝试它们。
　　因此，他不知疲倦地将文字组合成图像，用它们向深处挖去。他在寻找什么真相？如果这项挖掘工作是他的主要计划——正如他自己所承认的那样，那么他在浮出水面的各种材料中寻找什么呢？
　　你不妨问他这样一个愚蠢的问题：您为什么要写诗，而不仅仅是做政治演讲？

　　无论如何，我发现形象是丰富的，概念是贫乏的……形象不是知识的退化（萨特语），形象是意味深长的，它是自我的超越。我在形象中前进，理解……这使我可以去采拾，去拿取……我将其收集，将其抱紧。②

　　我们终于找到了答案。很显然，塞泽尔从没说过这么多，他也不会再多说什么。那些活动家和哲学家可真是不走运。
　　是桑戈尔界定了几个概念之间的细微区别：思想感觉与哲学思想，创造力（poïein）与智慧（sophia）③，质量与数量，符号与意义。
　　塞泽尔只给了我们这 94 页诗作，其中的意义在过去十年里没有太大的变化。但大量的符号却总是把我们引向词汇的边缘之外，

---

① 与雅克利娜·莱内的访谈，"想象，语言，文化认同，黑人思想"（"Imaginaire-Langage-Identité culturelle-négritude"），《法语文学研究》10（Etudes littéraires françaises 10），巴黎，Jean-Michel Place 出版社 1980 年版，第 143 页。
② 雅克利娜·莱内，前揭书，第 151 页。
③ 对桑戈尔的访谈。

仿佛他想列出部落的所有单词!

《我,海带……》透露出一种智慧的能量,其中包含很多生僻的词汇,以别样的形式和颜色来驱赶古老的顽念:pacarana(南美一种啮齿动物),bathyale(形容词,半深海的),rostre zopilote(一种的秃鹰的额剑),ascidia(某些食肉植物的空心器官),exuvies(昆虫的蜕),strix(林鸮),guiscale(电子游戏中的刻度表),epactes(太阳历一年间超过太阴历的日数),hourque(荷兰双桅帆船),horologue(以人类时间为食的恶魔),safre(钴蓝玻璃),phosphène(非光刺激引起的光感),sporange(孢子囊),saxifrage(虎耳草),trochileidis(滑车和滑车周围区域,以及上斜肌鞘的炎症)。

诗中也不乏新词①:ruiniforme(废墟状的),parlage(饶舌),parlure,bisaiguë,diabase(辉绿石,是对单词 Anabase《远征记》的改造),précation(对单词 imprécation "祈神将祸"的改造),forjeté(被突出的,是对单词 rejeté "错动"的改造)。单词 parakimonème 显然来自希腊语,而 cadène 意思是链条,来自拉丁语。

勒内·埃纳内曾着手编写一本极其丰富、博学的塞泽尔词典。但是,诗人创作了一本又一本诗集,用他的大量阅读和回忆不断丰富着他的语言宝库,积累了他的宝藏,这成为他的"秘密矿产"(第11页)。

他为自己找到了意想不到的武器,比如弗朗茨·法农(Frantz Fanon)的名字,这个名字在烈焰中变成坚硬的石头,而后又炼成了钻石:

---

① 本段中的几个新造词,以及下文列举的俚语词语无法在词典中找到,故未给出释义。——译者注

火石的战士……
法农，
你去掉了刀剑，
你去掉了监狱的栅栏，
你去掉了刽子手的眼睛……（第21页）

所以他说石头比光更珍贵（第47页）

塞泽尔还总结了一些俚语词语，如克里奥尔语和一些俗语，如couresse，rabordaille（报喜），couroupite。① 这些包含解放力和创造性的词语，受着诗人永不停息的想象力的追逐。然而这些词，他有时会几个星期都找寻不到，"这是我创造的，但却是叛逆的"。（第62页）

艺术从来不是机械的。
艺术很难。
有时猎人会空手而归：

庇护所倒塌的思想
跛脚的梦想……
都没有力量走得很远，
上气不接下气……
我们的鸟儿坠落下来，坠落下来
是被火山的灰烬……

---

① 塞泽尔总是把这些克里奥尔语单词融入他的诗歌和戏剧中，例如《克利斯托弗一世》的故事结构和克里奥尔语合唱，以及《返乡笔记》中的 "caye" "marron" "grand-lèche" "rigoise" "sablure" "vesou" 等词。

写下的神奇符号
留在一块岩石上，
留在一颗鹅卵石上……（第34页）

水车坏了，水井干涸了，诗人也疲倦了，所以他饱受煎熬。他思考，他研究。他仍然希望借助图像，但图像已然被概念所淹没：

他思考了愤怒的逻辑……（第47页）
只有绳结，结上加结
而没有出口（第69页）

我曾经梦想着盛怒之下写出漂亮的字体！
我尝试过裂缝（第70页）

这些没有灵感的时期可以持续很长时间，而这些诗也是在非常不规律的时间写成的，有时两个月写十余首，而有时整整一年都写不出什么！

这与桑戈尔的小夜曲相去甚远，桑戈尔在任何情况下都唱着歌，诗歌是他的幸运和不幸的忠实伴侣。桑戈尔总是饱含诗情，因为他的缪斯对他始终是那么慷慨。

* * *

也许是因为塞泽尔没有桑戈尔这份轻松，也没有这样多产，所以他的诗歌创作会像炸弹或者像压抑的沼气一样爆发。他诗歌的词语似乎来自更遥远的地方，没有那么温顺，它们那么脱口而出，写出诗人自己都不曾预想到的事情：受着一种神秘力量的吸引，不是根据意义，而是根据声音来创作："我的话语捕捉了旋风那紫色独眼巨人的愤怒。"声音可以暗示另一种意义，加强逻辑意义或者挑战逻辑。这是一个邪恶的游戏，塞泽尔多数时候会屈服于游戏的诱惑而失去理智。例如：

晨曦
臭氧
性敏感带（第20页）

由"晨曦"和"臭氧"我们会想到背后所暗示的光和纯净空气，上面叠加着一种意想不到的情色意味，并被"性敏感"[①] 强化为色情。

或者在那首名为《报喜》（*Rabordaille*）的美丽诗篇中[②]，声音改变了最初的意义，诗中描绘的人物是坚硬的、僵硬的、锋芒毕露的、咄咄逼人的……

一个长着光滑的獠牙的人
是一个高利面具
和"锋利的匕首"这个词……
一个拿手写笔的人
一个拿手术刀的人
一个做角膜翳手术的人……
一个男人来了
一个窗边的男人
一个门边的男人……
一个男人在报喜……（第90—91页）

---

① 意思是山脉的形成。
② 指非洲的细腰鼓。

"一个人来了"引出"风"这个词,"风"引出"窗","窗"又引出"门"。因此,诗人跟随着那松散的声音,而这些声音扭曲为一个矛盾的形象,这是他赋予他的勇敢的男人的第一个形象。鼓风机的风的形象通过"来""风""窗"逐渐取代了武士的形象。

在其他许多时候,塞泽尔通过文字或声音的游戏,产生出意想不到的意义和令人困惑的内涵:

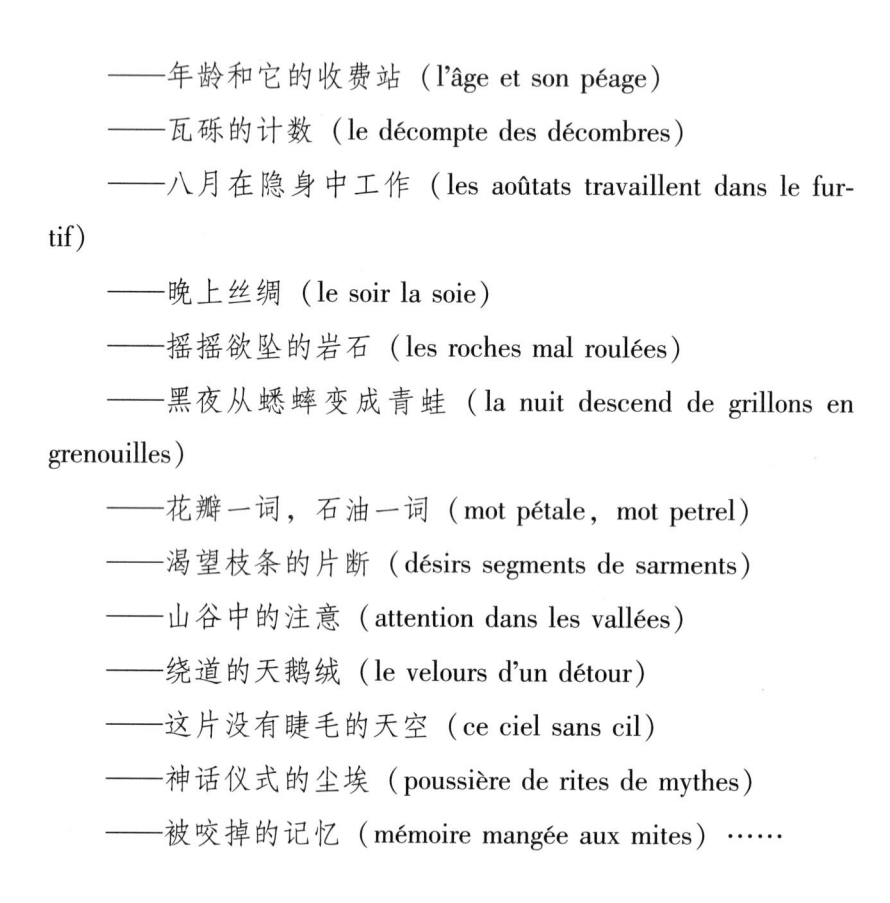

——年龄和它的收费站(l'âge et son péage)
——瓦砾的计数(le décompte des décombres)
——八月在隐身中工作(les aoûtats travaillent dans le furtif)
——晚上丝绸(le soir la soie)
——摇摇欲坠的岩石(les roches mal roulées)
——黑夜从蟋蟀变成青蛙(la nuit descend de grillons en grenouilles)
——花瓣一词,石油一词(mot pétale, mot petrel)
——渴望枝条的片断(désirs segments de sarments)
——山谷中的注意(attention dans les vallées)
——绕道的天鹅绒(le velours d'un détour)
——这片没有睫毛的天空(ce ciel sans cil)
——神话仪式的尘埃(poussière de rites de mythes)
——被咬掉的记忆(mémoire mangée aux mites)……

这些奇异的意象通过其形式的力量铭刻在我们心中,怎能令人忘记?

因此,惊喜总是在句子之外,而涌现出的词很少是你所期望的，它们就那样被正在酝酿的想法召唤而来。而这个词又能呼唤另一个想法，似乎可以随心所欲地指挥着言语翩翩起舞，传递智力，释放紧张，获得自由……

或者恰恰相反，这就是自由的游戏，是塞泽尔最终实现的自由和自由之地吗？这是超越了所有的痛苦的微笑的地方。

> 在高高的地方发现了失去的微笑
> 在炙热的双重限制，
> 一个风趣，另一个沉默（《镣铐》）

"失去的微笑"仿佛"丢失的东西"，就像圣杯骑士失去的话语，介于形而上学的边界……

塞泽尔在寻找什么？为什么他总是拿词语做实验，仿佛做着掘井的工作、矿工的工作？这是他的杰作吗？这是他的美学计划吗？也许果真如此吧！

> 如果这个词向你揭示了一切，你会觉得自己做了一件完美的工作。①

这是对自我的追寻吗？或许塞泽尔觉得这个自我太过模糊、太不确定，是无名小队传来的危险的回声。

也许这就是为什么他想把我们"说成凶猛的"，想要唤醒一直在爆炸、阴谋和报复之间沉睡的恶魔。但今天他知道，攻击一再被推迟，即便可以表演沉船仪式……

他还在寻找别的东西吗？

---

① 对雅克利娜·莱内的访谈。

种子的路，比根更低……
说话就是陪伴种子
一直走向数字的黑暗秘密（第63页）

他是不是要在"数字，我的獠牙"中寻找一个隐藏的真理？"一种非常顽强的排头鸟的科学"（第52页），只有诗歌才能赋予他科学，只有诗歌才能使他获得生命。[1]

塞泽尔在其他地方指出：在我身上，存在的需要与诗歌的需要交融一体。[2]

他还说："知道，他说。"（Connaître, dit-il）[这是维弗雷多·拉姆画作上的一首诗的标题]——懂行的鉴赏家……把艺术看作是一种知识、一种禁欲主义[3]。

然而，我们总是徒劳地想抓住火鸟，失败后仍再想去尝试，而"每一次，我们的手中都只是得到几根羽毛……"

最后，我们附上塞泽尔忘记收入文集并发表的诗。这首诗是他受卢旺达牧师给他的牛起的两个名字的启发所写。

批评家们会认为这首诗是他又一个非洲创作特点，不过，即便我们确定了花粉的来源地，还是无法掌握蜂蜜的秘密！

生命

恩惠之名：成熟的月亮

秘密之名：夜色之轮

恩惠之名：不受限制的光

---

[1] 桑戈尔："致一位囚犯的信"（Lettre à un prisonnier），《黑色的祭品》（Hosties noires），Seuil 出版社 1942 年版，第 133 页。

[2] 对杰罗姆·加尔桑（Jérôme Garcin）的访谈，法国电视三台，1982 年。

[3] 对利利安·凯斯特鲁的访谈，1982 年 10 月。

干涸之名：没有不在场证明
恩惠之名：海角之过
秘密之名：被背叛的黑夜
恩惠之名：绿洲之觉醒
恐怖之名：沙漠对于大沙漠的痴迷

发表在《埃塞俄比亚人诗选》（*Ethiopiques*）杂志，达喀尔，1983年

呐喊
致　利利安·凯斯特鲁

超越，散发，狂喜，激情
我们要让现实构建"显实"

用发财树的山麓
用方尖碑
用孟菲尼尔火山口
用阳光
用科帕胡的芬芳

不要紧
用商队的船尾
用阿尔玛迪斯的船队
用法维尔
用城堡
用安山岩的堡垒

用错落的山峰

非常重要
无论婉转曲折的记忆的清风
被激怒
被我的呼吸
只需用我的呼吸就足以
向所有人表明现在和未来
有一个人已经在那里
他在呼喊
在黑夜的中心用火炬
在白昼的中心用火炬
用旗帜
用伸出的手
一个无法忘掉的伤口

《艾梅·塞泽尔》，该文载于《非洲存在》杂志，1995 年，第 151—152 期，该期特刊由莫哈马杜·凯恩（Mohamadou Kane）教授编辑。

诗歌中的塞泽尔与非洲

《欧洲》杂志在专门介绍艾梅·塞泽尔的一期上，曾试图讨论非洲对于塞泽尔这位伟大的安的列斯群岛人的意义。作为知识分子的他，关心本民族被大西洋两岸奴隶贩子们抢劫的血泪史；作为学者的他，努力寻找那片遥远的故土和文化之源；作为政治家的他，为解放非洲大陆人民而斗争。

而今天，我们只想集中讨论作为诗人的塞泽尔，他的心灵和想象力因与非洲的深刻对话而充满活力，无论是过去的非洲还是未来的非洲。正是在那片土地上，他"扎下了根"，找到了能量，"发出伟大的黑人嘹亮的呐喊，让世界的根基都为之动摇"。

世界的根基能否被动摇我们今天并不确定，但我们可以肯定的是，这一声呐喊就像一座巨大的吊桥，跨越大洋和几个世纪，向着非洲伸展过去。

塞泽尔的名字，他的行动，他的召唤，从塞内加尔一直传到了刚果。因此，非洲和美洲两大洲之间就被一批知识分子借助20世纪30年代在巴黎创立的"黑人精神"连接起来。R. 图姆森（R. Toumson）写道："在20世纪30年代，发生了一次巨变，黑人在白人眼中完全改变了，黑人眼中的自己也发生了变化。15年后，安的列斯群岛人、非裔美国人和非洲人团结在《非洲存在》杂志的旗帜之下，巩固了这一变化。"

塞泽尔和桑戈尔是始终走在行进部队前边的传令官和侦察兵，是新世界的预言家。在这21世纪之初，我们依然能够听到他们的声音，让经历过暴风骤雨的我们看到了美好未来的希望。但是非洲对诗人塞泽尔来说意味着什么呢？为什么会产生影响？怎样影响他们？这种影响始于什么时候？

《返乡笔记》中令人惊讶地提到了一种来自西非的红木，这是一种质地坚硬的红木，在这里被称为桃花心木。

我们可以沿着塞泽尔诗歌那满是碎石的道路，跟随他对非洲的渴望，虽然非洲经常以"可怜的公主"的形象出现。

> 非洲在睡觉，不要笑，不要笑，
> 非洲在流血，我的母亲，
> 她为一排精虫开启，破碎开来，
> 受着强奸的精子徒劳的侵袭。

因为非洲先是奴隶贩子的狩猎之地，后又成为殖民者的剥削之地，正如阿尔贝·隆德勒（Albert Londres）1929年在《乌木之国》（*Terre d'Ebène*）一书中所写的那样，黑人被用作"香蕉引擎"。

安的列斯群岛人是这片大陆被强暴后生下的儿子，他们仍然带着不可磨灭的印记，他们没有忘记："肉在黑暗的非洲飞翔。"

这种痛苦仍然存在，不会经过几代人之后便轻易消失。塞泽尔写道："我住在一个神圣的伤口里。"这一段关于他们种族悲惨过去的历史，美洲所有的黑人诗人都经受过，反复经历过：

> 一个关于锁链和紧身衣的谣言从海里升起，
> 一个溺水者的咆哮，大海的怀抱
> 火焰噼啪作响，鞭子啪啪甩个不停

杀人犯的尖叫，大海在燃烧，
我的血丝在燃烧，
哦，尖叫声，
依然是尖叫声融化了小山

然而，"黑人精神"诗人要在这种存在主义的撕裂之外追溯更加遥远的过去，去找寻历史和帝国时代的非洲。塞泽尔在同一首诗中总是提到红色城市杰内（Djenné），以及那些负有盛名的帝国的都城：通布克图（Tombouctou）、博尔诺（Bornou）、贝尔尼尼（Bernin）、索科托（Sokot），还有锡卡索（Sikasso）及其国王巴·本巴（Ba Bemba），这位国王宁愿在一个堡垒内将自己炸死也不向入侵者投降，这是海地国父让－雅克·德萨林（Jean-Jacques Dessalines）和瓜德鲁普反侵略斗士路易·德尔格莱（Louis Delgrès）一样的英雄吗？

在《返乡笔记》中，塞泽尔提到过松海的阿斯基亚人（Askia du Songhoï）和加纳的王子，但他使用的是嘲弄的口气："不，我们从来不是达荷美（Dahomey）国王的亚马孙人，……我们的腋下感觉不到那些曾经夹着长矛的人的发痒的感觉……"

他们诚然是"非洲之子"，安的列斯群岛人，但他们是失去地位的儿子：他们被抢走，被驱逐，被贩卖，再被转卖。难道没有办法拯救他们吗？

但是，塞泽尔又回到了他从未踏足过的大陆，那里，他发现了反抗的巨大力量；他发现了非洲在他内心深处留下的"古老的火种"所产生的火花。

正是在非洲，他捕捉到了最具侵略性的形象，——成为他神奇的武器：弓、长矛、喷枪、弯刀，还有狮子、蝎子、白蚁、蚂蚁、眼镜蛇、海鳗、仙人掌、曼陀罗……总之，任何可以切割、扎刺、啃咬、啃噬、施毒的东西……

对他来说，非洲是一种不屈不挠的力量的源头，是班图语中的"恩戈洛"（ngolo）——生命力量的守护者[1]，也是非洲万物有灵论的基础。

反叛者会召唤这种非洲力量，因为那里聚集了他的本体论反抗所必需的所有能量：

> 非洲我从狂热中解脱出来，藏在树叶下，我自鸣得意，
> 我把麻烦的钥匙和一切毁灭
> 硫黄，我的兄弟，硫黄，我的血的钥匙藏在防线上。

对塞泽尔来说，非洲就是这种储备，这种复仇、暴力、爆发、复活的潜力……非洲将向他提供燧石的词语，以及他自己说的约鲁巴神"尚戈"（Shango），即尼日尔万神殿的闪电之神，就如同安的列斯群岛的火山、亚马孙河流和水蟒一样。

非洲将丰富他的"侠客的语言"。

野蛮的非洲，食人的非洲，"流行病和动物流行病"的非洲，对于奴隶贩子、掠夺者和殖民者而言充满危险的非洲。

不同于加勒比海岛屿的情况，非洲人桀骜不驯，会奋起保卫自己："我想让一棵硫黄和熔岩树适应一个战败的民族。"

必须明白，对塞泽尔来说，非洲的独立和黑人的独立属于同一场斗争。他一直与散居国外的人联系，从一开始便与这片"死神大刀阔斧地割草"的黑色大陆联系在一起（《返乡笔记》）。

非洲大陆在诗人塞泽尔心目中所占据的令人惊讶的位置无疑决

---

[1] 普拉西德·唐佩尔（Placide Tempels）神父在《班图哲学》（*La Philosophie Bantoue*）（非洲存在出版社）中提出了这一概念，该书与塞泽尔的《狗也沉默》（*Et les Chiens se taisaient*）在同一时期出版。

定了他的作品，甚至比对他的政治活动影响力更大。

事实上，塞泽尔一直"陪伴"在非洲左右，直到一个个国家纷纷独立。他的作品集《镣铐》、作品《克利斯托弗一世》（*Le roi Christophe*）和《刚果一季》都受到了非洲的启发，而安的列斯群岛对他的启发要小得多。因此，非洲的大学和高中总是把这几部作品和《返乡笔记》一起列入课程。

但我不想误导列位过多关注塞泽尔被非洲接纳。

我们现在要谈论他的诗歌，而且之后会继续这一话题。因为正是在他的诗歌中，这位诗人按照他的愿望重建了他想象中的非洲。现在，问题不在于这一形象是否真实地反映了一个真实的非洲，而是在于非洲对诗人来说意味着什么，他的愤怒、颓丧、痛苦，同时还有他的情感、梦想、希望。

我们将以这部洋洋大观的作品结束这段显得过于短暂的旅程，因为这是塞泽尔诗歌的最后一个维度。

塞泽尔心中对于非洲的形象开始时是相当粗略的，但随着他对非洲人的亲身了解，这一形象不断演变，不断丰富。

他的早期诗歌中呈现的是野蛮的非洲、"吼叫的太阳"之地，后来，非洲变成了"向世界上所有受伤的手伸出的张开的手"。在20世纪60年代的第三世界，历史终于向前发展，塞泽尔看到了一个个新的国家纷纷崛起：

> 绿色和红色，
> 我从我遥远的岛屿向你们问好，我向你们高喊"嗨"！
> 你们的声音对我说：这里风和日丽。

（《镣铐》）

这首诗是献给桑戈尔的，但他也谈到了喀麦隆的贝努埃自然公园（la Bénoué）、洛贡河（Logone）和乍得，诗中还提到了几内亚和马里。在比利时刚果①，他看到"基伍湖从鲁齐齐（Ruzizi）平原的银色楼梯上流下，向着坦噶尼喀湖流淌"，他听到了"尼亚拉贡戈山的咆哮"，这是基伍湖以北一座高高耸立的红色火山。

他创作于1963年的那首关于亚的斯亚贝巴的优美诗篇，则抒发了诗人鲜见的欣快之情。他把猴面包树、棕榈树和桉树全部装进他那颗"马提尼克岛和塞内加尔的心脏"里。他梦到了示巴（Saba）女王，听到了米里亚姆·马克巴（Myriam Makeba）的话，听到了非洲的声音和南非狮子的吼叫：

> 对我们来说，这是九年……鸟儿的浓密的地衣

对他来说，非洲将是实现他对获得自由和尊严的所有希望。当然，塞泽尔很快就知道他过于迫切了。他很不情愿地承认"人民正在以他们的小步前进"，克利斯托弗们和卢蒙巴们都是先知或殉道者，他们是为了"非洲的荣誉"而死。

> 非洲就像一个黄昏才起床的人，
> 发现自己被四面包围
>
> （《刚果一季》）

然而，他花了20年的时间才明白，他将不会看到非洲大陆解决自己的各种问题。因此，诗人开始渐渐重新关注加勒比地区。

> 太快的希望小心翼翼地爬来爬去，
> 在岛上我停止了忠诚。

---

① 即刚果（金），因为曾为比利时殖民地，故名。——译者注

叛逆者表面上显得听天由命，他将看不到黑人战胜自己的命运：没有奇迹，战斗仍在继续，但塞泽尔不再直接参与。他将成为极具耐力的辉绿岩。

从那时起，他将把非洲内化到自己心中。在他后期创作的诗中，我们透过加勒比海的动物植物，会看到奶酪制造者，塞内加尔猴面包树，藤本植物桥，科特迪瓦地高里（Goli）面具，他在班巴拉史诗（bambara）中发现的瓦加杜（Wagadou）神话讲述的鬣狗和秃鹰，此外还有卢旺达的放牧人给牛起名字：

受宠的名字：成熟的月亮
秘密的名字：圆圆的夜晚

因此，昔日他陪伴非洲经历战火，而今非洲又令他魂牵梦绕。

今天，当他沿着马提尼克的小径四处闲逛时，会突然在一棵野生植物前停下脚步："它来自非洲，不是吗？是风把种子带来的。"他没有说错，这是一种来自塞内加尔的植物，叫作白花牛角瓜（calotropis procera）①。

[本文发表在纪念塞泽尔诞辰90周年的《法兰西堡研讨会文集》（*Actes du Colloque de Fort-de-France*），非洲存在出版社，2003年版]

---

① 夹竹桃科植物，树高6—8英尺，树幅6—8英尺，季节性开花。——译者注

半空的瓶子还是半满的瓶子？

伟大的政治家、艺术家和诗人几乎不可避免地会成为神话创造者，但同样不可避免的是，他们也会为自己创造传奇。

人们对艾梅·塞泽尔最大的误解之一便是他的童年，所有的读者都相信他曾是一个衣衫褴褛、饥肠辘辘的孩子。有些人甚至把他与桑戈尔放到一起对比：桑戈尔是富商之子，老师眼中的好学生，取得过语法教师资格。这些都是安逸的"资产阶级"的标志，与可怜的"无产者"小塞泽尔形成鲜明对比。塞泽尔因此成为1920—1930年被殖民者的典型形象。

人们甚至会从社会学家和心理学家视角进行推理，断言正是因为这极度贫困的童年才使塞泽尔成为一位"革命者"。相反，资产阶级出身的桑戈尔成为了一个妥协者、改良主义者，甚至是与西方合作的人，不管是殖民的西方的还是新殖民主义的西方。需要注意的是，我们自己也容易被这种假设所支配，并支持此类论点。

然而在核实过实际情况、更好地了解过艾梅·塞泽尔和桑戈尔的家庭之后，我们才明白以上只是一个非常错误的假设。事实上，我们必须相信，塞泽尔既不是出生在草棚和土坯小屋，也不是在安的列斯群岛的棚户区长大的。

他的祖父是圣皮埃尔高中的文学教师，曾就读于法国圣克劳德师范学院，那是19世纪末的事情。要找到塞泽尔的农民的血统，需要上溯到他的曾祖父那一辈。至于塞泽尔的父亲，他先是下普安特（Basse-Pointe）莱里斯种植园的经理，后来通过选拔成为税务检察官，之后被派往法兰西堡。当时塞泽尔只有 11 岁，他完成了小学学业，进入了初中。他之所以获得了奖学金是因为他的成绩在班上名列前茅，而不是因为父母贫穷。

事实上，他的两个姐妹丹尼丝（Denise）和米雷耶（Mireille）被送进了教会女子学校，这是一所收费的私立学校，但那里的女孩教育比公立学校要好。

同样值得注意的是，塞泽尔并不是家中唯一的学者。丹尼丝后来从事法律工作，她的整个职业生涯都在达喀尔担任调查法官。米雷耶是英语教师，先是嫁给了马提尼克岛的一位教授，丈夫去世后嫁给了波尔多学院的一位督学。他们的兄弟乔治是一位杰出的医生，但在一次空难中英年早逝。

简言之，塞泽尔家族应该被认为是安的列斯群岛资产阶级的中等阶层。

当然，就像任何领取固定工资的公务员一样，他们家说不上十分富有，和拥有土地、工厂的殖民者的儿子们相比，小塞泽尔可能会感到家境贫穷。然而，他们并不缺什么生活必需品（食物、衣服、鞋子、学习用品），他们家甚至已经有了人们所说的多余的东西，因为塞泽尔的父亲有一个收藏书丰富的小图书馆，塞泽尔就是在那里读到了维克多·雨果、孟德斯鸠、拉辛等人的经典作品。

这位父亲热爱文学，总是给儿子读他最喜欢的作家的长篇作品，这在后来给塞泽尔留下了深刻的印象。

父亲给了他对文学的热爱和独立的精神，而从母亲那里，他懂得了一个家庭必须在道德和物质上得到引导。她并没有给孩子们灌输太多什么怜悯和同情思想。这就是埃莱奥诺尔·塞泽尔夫人

(Eléonore Césaire),请欣赏她的肖像画吧!① 她高大的身材流露出的是不容置疑的威严。

她照料着家里的大小事务,成为家庭的顶梁柱。她做些缝缝补补的活计,当然,她不仅为自己的孩子做衣服,还帮助邻居。她有一台胜家牌(Singer)缝纫机:家里有六个孩子,不能让他们缺了什么,所以有一点额外的收入贴补家用也是好的。不过家里还有个女仆帮助打扫卫生,做些复杂的活计。非洲公务员家的情况在过去和现在都是如此。孩子们在成长过程中除了安心读书、考试之外没有任何问题。

当然,当时法国还没有实行带薪休假,因此,孩子们会前往马提尼克度假,但他们也可以去他们的祖母在下普安特附近的洛兰(Lorrain)。那里是乡下,这位名叫埃尔米娜(Hermine)的祖母可是她村子里的一位了不起的人物:她既受人尊敬,又受过教育,有着特殊的地位,人们会来找她征求意见、调解冲突。是她教会了塞泽尔阅读和语法。她住在山顶上的一座木屋里,塞泽尔在他的《返乡笔记》中把这座山描写得十分肃穆。

木材是岛上常见的建筑材料,尽管他现在贵为市长,但仍然住在一座风格古朴的木屋里,周围是一排游廊。而且,就像所有这类的房子一样,里面有很多的蟑螂和蜘蛛。但这似乎并没有令他不悦,每每回忆起祖母,他既不特别伤感,也不十分痛苦。

然而,我们现在得说,关于这位诗人悲惨童年的这个神话完全是从《返乡笔记》中产生的。

他在书中写到"这座坐落在山上的小房子……屋顶上满是剥落的斑斑点点……"屋子里几十只老鼠"在烛光的闪烁中乱窜"。然

---

① 参见《理解〈返乡笔记〉》(*Comprendre 《le Cahier d'un retour au pays natal》*),法国,St-Paul 出版社 1983 年版。

后又写了他父母的家，晚上满耳听到的都是母亲的声音，她"为解决我们的饥饿问题而整天东奔西跑"。他还写到了"这个可怜的孩子"，他饿得"再也没有气力回答老师的问题"，老师敲打他的额头，问他关于卡斯蒂利亚的白人女王的问题。在另一处，他还引用了另一个孩子的话："我走在路上，嘴里嚼着甘蔗来抵挡饥饿。"

因为一些细节都源自塞泽尔非常准确的回忆（山上的房屋，在缝纫机旁做活的母亲，兄弟姐妹的数量，用手指敲打学生额头的老师），我们于是推断，这些关于童年苦难和社会苦难的画面都必然与塞泽尔的生活息息相关……然而我们却忽视了诗人是有他创作的自由的。

诚然，正如他自己所说，他在《返乡笔记》中描写了安的列斯群岛的"幻觉"景象，以及他自己的幻觉。他利用作家的自由和想象的权利，把自己想象成一个小资产阶级的儿子，身处黑人最恶劣的状况：奴隶、背井离乡的人、被殖民的人、无产者。

在他的岛屿的微笑和异国情调的面具背后——他确实描写得很好，他让人看到了安的列斯群岛人那卑贱的、被割裂的、异化的人格。因此，他使自己成为了自己人民那无意识的集体悲剧的"公开的良心"，同时也是"那些无法发声的人"的代言人。

他甚至走得更远：他让自己化身为"犹太人、卡弗尔人、加尔各答的贱民、小狗、乞丐"，真是不无浪漫主义的惊人之举，就如同拜伦或安德烈·舍尼埃（André Chénier）面对希腊的不幸发出感叹，或者马克思、列宁揭露无产阶级的命运一样。

并不是所有发动伟大革命的人都出身于上流社会吧？这出身是否会削弱他们的反抗精神和他们革命行动的真诚呢？

一个人必须挨饿才能创作革命文学吗？请看雅克·鲁曼（Jacques Roumain）、斯特凡·亚历克西（Stephen Alexis）、尼古拉斯·吉伦（Nicolas Guillen）、赖特（Wright），以及非洲的大卫·迪奥普、达迪耶、夏尔·诺坎（Charles Nokan）、蒙戈·贝蒂和保罗·

达克约（Paul Dakeyo）。这许许多多的学者其个人并无衣食之忧，但面对他们的种族、他们的人民遭受的苦难却会不同程度地感到不安。而在塞泽尔这边，他的"贫穷的孩子"的神话却引起了长久以来的误解。

事实上，当塞泽尔在 1946 年成为一名共产主义活动家时，人们期望他比其他人创作更多的通俗诗歌（因为他被认为是法兰西堡贫民窟中走出来的诗人），让普罗大众可以阅读。

唉！可是塞泽尔的作品变得越来越超现实，他连续创作了《斩首的太阳》《狗也沉默》《神奇的武器》，这三本诗集较之《返乡笔记》要晦涩得多！

我们可以尝试从《法语黑人作家》（*Les écrivains noirs de langue française*）一书中去解释促使塞泽尔有意选择超现实主义写作手法的政治原因和文学原因。[①]

尽管塞泽尔保留了这种表达方式，但其实政治形势以及文学都发生了很大的变化，所以他有着更为深层次的动机。我们能够看到，超现实主义的写作与其说是源于 20 世纪 40 年代的经济形势，不如说是受了一种内在的、执着的、非理性的诉求的驱使。这是他独有的、私人的、真实的、宏大的、天才的、诗意的写作风格。

事实上，塞泽尔总是激烈地反对任何对他的诗歌写作的质疑，他本能地拒绝任何会使他改变自己创作风格的争论和批评，他是对的。这种态度进一步证实了我们的想法：他的诗意的写作是一种内在的需要[②]，他别无选择，这是唯一可能打破他内心枷锁的方法！

[①] 参见《法语黑人作家》中关于《热带》（*Tropiques*）的一章。布鲁塞尔大学出版社 1963 年版。

[②] 在一封写给安德烈·布雷东（André Breton）一封信中，塞泽尔解释了他为什么坚持超现实主义，因为这使他能够发现真相。这封信保存在巴黎的万神殿广场（place du Panthéon）的杜塞图书馆（Bibliothèque Doucet）。

无论如何，塞泽尔越来越多地以诗意的方式写作，而不在意诗的可读性，更不考虑读者的理解力的高低。

他已经有 15 年没有创作戏剧了，尽管这些戏剧比他的诗歌"传播"得更广，而且都获得了巨大的成功。这似乎是自相矛盾的事，人们可能会问：塞泽尔既然找到了戏剧这种几乎理想的宣传表达方式，为什么却将其抛弃不用？

根据我的纯个人观点来看，想与塞泽尔这样的媒介诗人对话，简直是天方夜谭。当一个人认为自己能够理解，或者更确切地说，当他认为自己被理解时，他很快就会发现这理解是部分的、片面的、扭曲的，简言之，是令人失望的。因此，从长远来看，他不再把自己限制在一种比诗歌更需要他努力的形式上。所以，由于恶魔盘踞心中，这个人注定会内心孤独。

即使是与家人和亲戚在一起时，塞泽尔也会像鸟儿躲避狐狸一样逃离。他因此拥有了另一个维度：翅膀、高度、速度。

桑戈尔欣赏的正是这一维度，作为法兰西学院院士的他承认："塞泽尔是最伟大的黑人诗人。"

因此，尽管桑戈尔受到过非洲艺术家和属下的各种赞扬，我依然要表达我对于我们这位诗人总统的喜爱之情，我欣赏他的清醒、他知识分子的诚实、他坦荡的友谊！

桑戈尔是一个赤着脚在若阿勒长着橡树的沙滩上放羊的谢列尔族孩子，他在父亲的房子里找不到书，他像其他塞内加尔农村小孩一样睡在坚硬的垫子上。一年中的每一天，他都吃大人的剩菜、鱼肉拌饭或小米糊拌花瓣。除了重大节日外，他都吃不到肉。尽管如此，富家子弟桑戈尔的神话和寒门走出的塞泽尔的神话一样广为流传。但桑戈尔的诗歌中流淌的是诗人那令人惊叹的、温柔的回忆。

读者又一次上当了。事实上，当游客在读过桑戈尔的诗后，发现了他孩童时的生活环境的真相，此时他的幻想便会破灭！若阿勒其实是一个脏兮兮的地方，海边是泥泞的，灌木丛是稀疏的，田野是贫瘠的，稀疏种着些庄稼。父亲的房子普普通通，墙上刷了一层石灰，更不要提什么德吉洛尔（Djilor）区了。

只有真正的诗人才能寻觅到这田园诗般的地方。当然，如果你出生在那里，没看到过什么其他地方，则另当别论……总之，客观地说，塞内加尔的吸引力比不上马提尼克岛，这里的贫困当然更为普遍，情况更加严峻。

萨赫勒地区的真相便是物资匮乏，你身边处处是沙漠和饥饿，有时还会爆发饥荒。

但在桑戈尔的背后，是有几个世纪的富拉尼（peule①）文明和谢列尔（sérère）文明，这两个民族，没有任何被殖民或奴役的背景，但却习惯了贫困、节俭、婴儿死亡、各种地方病。

饥饿，死亡，酷热，蚊子，老鼠，没完没了的四处奔波，这一切成为数百万塞内加尔人每天的命运。因此，他们习惯了控制自己的各种需求："他们肚子里的欲望是渺小的。"可这都是条件所迫啊！

从那时起，孩童的桑戈尔很容易得到满足，他吃得很饱，大大的甜甜圈（从火里取出来时会发出叮当之声）对他来说就像母亲的乳汁一样美味！他感到备受优待，因为他要上中学。他对久戈耶（Djogoye）充满了钦佩，这位与他很疏远的父亲当然从来不会操心桑戈尔的家庭作业。桑戈尔永远不会说他的母亲在一夫多妻制家庭中是多么没有地位，但他会努力超越他出身最好的兄弟姐妹——他们出身优越是因为他们的母亲更有魅力。在这个国度里，血缘是人的价值基础。因为奴隶制使安的列斯群岛的黑人平起平坐（这无疑是民主的良好基础），而桑戈尔的塞内加尔基本上仍然实行着以传

---

① 也写作"Fulbe"。

统贵族统治为特点的封建制。桑戈尔遵守了这些价值观，但没有去质疑，尽管这些价值观有时对他不利。

不平等对他来说是非常正常的事，他称之为等级制度。然而，非洲农村的儿童无论其社会出身如何，其实都过着同样的生活（同样的食物、衣服、娱乐）。在中学里，桑戈尔一定遇到了白人殖民者的儿子，他的这些同学拥有桑戈尔没有的书籍、自行车和玩具，非洲人的家庭可没有"宠坏"孩子的习惯。

然而，诗人把遥望满天星斗的夜空当作他唯一的奢侈，将他牧羊人的工作看成愉快的散步。堂兄弟们嘲笑他在体力劳动（收拾花园）方面的笨拙——这活计是他必须做的，这个小学生面对嘲讽始终保持沉默。

对于同学们的嘲笑他也一样默不作声，他们一定称他为"白人"，因为他喜欢说法语，以前喜欢，今天依然如此。

我们知道，和塞泽尔一样，桑戈尔也享受过奖学金，而他的兄弟们的学业没有他那般优秀，不能去国外继续学习。

因此，令他在大学里达到了顶峰的，与其说是他父亲相对富裕的家境，不如说是小桑戈尔的不懈努力，他渴望以此补偿他在家庭中受到的某些挫折。随着他社会地位的提高，他后来却成为这个家庭的供养者和保护人。

因此，在现实中，桑戈尔与塞泽尔的出身大致相同却又不完全一样：至少作为学童，他们的需要得到了满足，他们都过着并不富裕的生活，但二人在物质上又都不算贫穷。他们的不同之处不是童年本身，而是对于童年的看法……正是他们的诗创造了关于他们年轻时代的截然相反的神话，并让人产生了偏激的认识：塞泽尔意味着黑色的地狱，而桑戈尔则代表着非洲天堂。

这是一个半空的瓶子或者半满的瓶子的故事。当然，诗人有权在他们的记忆之中进行选择，改造记忆，在诗歌中打上他们的悲观主义或者乐观主义印记。"我不是在掩饰,而是在整理。"塞尔日·杜布罗夫斯基（Serge Doubrovsky）在他的自传中这样说。

这倒提醒了我们的批评家们：艺术创作的真正作用不是再现生活，而是解读生活。同时这也提醒了我们要小心那些轻易从一篇文章转而阅读传记的读者们：塞泽尔不需要咀嚼甘蔗来消除无法抑制的饥饿，而桑戈尔既没有住在西内（Sine）的宫廷中，也没有睡在东方的丝绸垫子和地毯上。

难道不正是他们凭着天赋改变了我们视为平凡的现实，才使他们成为令人难以忘怀的诗人吗？这远远超出了他们作为政治领导人的过渡角色。

附注

对于那些想进一步了解这两位诗人真实生活的人，我们推荐下面的书：

关于塞泽尔：

罗杰·图姆森（Roger Toumson）和西蒙娜·瓦尔莫尔（SimoneValmore）写的塞泽尔传记，Syros 出版社。

关于桑戈尔：

《情感与理智》（*L'émotion et la raison*），雅克利娜·索雷尔（Jacqueline Sorel）著，Sépia 出版社。

《利奥波尔德·塞达尔·桑戈尔生平》（*Vie de Léopold S. Senghor*），雅内·瓦扬（Janet Vaillant）著，Karthala 出版社。

无疆界的诗人:从故园到全世界

  如果说有一位诗人留恋于他的童年、生养他的土地、他的根,一想到父亲的羊群、西内的星空、若阿勒的女诗人马洛娜·恩迪亚耶(Marône Ndiaye)的两千首诗,便沉醉痴迷,不能自拔,那这一定是利奥波尔德·塞达尔·桑戈尔。

  如果说有一位诗人常常一一细数故乡的神圣树林、村庄、泉水和所有留下神话记忆的地方,那这一定还是桑戈尔。

  扎根他乡和回归故乡是桑戈尔诗歌的重要主题,批评家们对他的这一特点进行过广泛评论,而我们今天正是要为这位诗人庆祝九十华诞。

  "因为童年的王国就是诗歌的王国。"他向一位诗人兄弟爱德华·莫尼克这样解释,"因为我们诗人只会去歌唱童年的王国,一个完全透明的、意义重大的、真实生活的世界。"

  是否可以因此认为桑戈尔是一个保守派,就像一些人所宣称的那样?

  有些人把他归为一种以回忆和遗憾为特点的浪漫主义,介于拉马丁和缪塞之间,而他撰写的关于波德莱尔的学士论文只会让人相信,他确实属于痴迷于怀旧的一类作家。

  同样,人们会自然地把桑戈尔与他的密友艾梅·塞泽尔对立起来,就像安放在佛罗伦萨的美第奇墓旁由米开朗基罗创作的雕像

《昼》与《夜》，二者形成鲜明的对比和互补，有如中国哲学中的阴和阳、女人和男人，抑或如一位顽皮的圭亚那人所说，在"黑人精神"思想体系中，塞泽尔是圣父，桑戈尔是圣子，达马斯是圣灵。这位评论家除了诗歌外，还让我们分享到了一丝幽默！

简单化的评论往往只会退化成漫画！但是，批评家的作用难道不是拒绝这种简单化的话题转换，并确定这部丰富的作品中相互交织的其他主题吗？如爱情、友谊、同情、诉求。桑戈尔建议说，批评家首先要"说出诗人信息的内涵"。

首先，这里的童年、村庄、家庭、家园，难道不是生命的基础吗？"面对周围环境，我想要表达自我。"所以吉洛尔（Djilor）、若阿勒、西内都是自然的一部分，这是桑戈尔的起点，因为他们已经离开了这里。

当我们仔细重读这些五十年间所写的诗歌作品时，就会发现，离去、旅行、空间的开放、心灵和精神的开放等主题使他的作品充满了一种生生不息的活力。一开始，我们把这种倾向归因于他在欧洲的"流浪"（长达15年之久），也许还因为用法语写作而产生的双重文化，从而出现了一种对漂泊的幻想。

一般来说，选择用法语写作的外国作家会努力使自己"归化"融入该语言，进而融入法国文学，如尤奈斯库（Eugène Ionesco）、米兰·昆德拉（Milan Kundera）、比安科蒂（Biancotti）、朱利安·格林（Julien Green）。此后，他们就在这种新文化中站稳脚跟，并扎根其中。另一类作家使用欧洲语言写作，以显示他们文化的特殊性。对于大多数非洲人和马格里布人，以及部分安的列斯群岛人，甚至像哈利勒·纪伯伦（Khalil Gibran）、阿明·马鲁夫（Amin Maalouf）这样的黎巴嫩人来说，语言是呈现他们自己现实的工具——像伊本·阿拉比（Ibn Arabi）那样说话的能力。这可能导致一些人发生改变、手足无措，有时甚至会严重破坏这种语言。相反，另一些人使用这种语言只是为了表明他们作为流亡者或被殖民者的独特性，例如非洲的索尼·拉布·坦西和库鲁马（Kourouma），安的列斯群岛的拉斐尔·孔菲昂和沙穆瓦佐（Chamoiseau）。他们以此来表达与笛卡尔和伏尔泰迥然不同的文化所包含的细微差别。

因此，非洲黑人文学展示的诗歌、小说和戏剧作品，通常以非洲或岛屿为中心。我们发现其中虽然会对不同国家进行文化或地理方面的思考，但总是通过回归自我、回归故土和本民族文化来寻找答案。

从这一意义上说，他们中的许多人都是阿兰·里卡尔（Alain Ricard）所说的"走私犯"。谢赫·哈米杜·凯恩（Cheikh Hamidou Kane）、努莱蒂娜·法拉（Nourredine Farah）、拉贝尔里维罗（Rabearivelo）、索因卡（Soyinka）、瓦贝里（Waberi）、阿切比（Achebe）、亨利·洛普（Henri Lopes）和汉帕特·巴（Hampate Ba）等人，他们皆有资格获得阿兰·博斯凯（Alain Bosquet）的赞誉，阿兰·博斯凯的赞美之词只献给过诗人桑戈尔："我发现了一种我不知道的振动，一种足以掀翻岩石和树皮的词汇，一种不符合我思想高度的精神，（但是）当你用我的语言写作时，我会毫不费力地吸收你的忧虑和热情（……）。你强迫我脱离肉体，成为你的样子（……）。因此，整个非洲都走进了诗歌之中。"

然而，在我看来，桑戈尔是一个非同一般的例子：一方面，他痴迷于欧洲和法国的语言；另一方面，他又全面展示了非洲的地理和历史。他拒绝做出真正的选择，他排斥界限，他甚至超越了界限，废除了界限。

这些又是如何在他的诗歌中体现的呢？

从这一角度重新读桑戈尔的诗，我们会发现其中的很多都包含着欧洲和非洲之间几乎不间断的精神对话。他的思想总是在路上。

此外他还写道："人们称我是流浪者。"他的诗中充满了信息、信件，还有带着急件、回信、往来四方书信的骑手……诗人似乎将要离去：要么是在"火车站长长的汽笛声"中离去，要么是乘坐"胜利的轮船"离去，要么乘坐"阿尔玛迪斯之箭"公司的总统专机离去。他会说："我的人民在等我参加选举。"或者说："作为黑人大使，我要去大都市。"因此，他表示自己需要经常出差："我被叫到很远的地方去处理国家事务。"以至于我们可以称他的诗歌为一种旅行诗学，甚至一种"文学流浪主义"。

他的诗中是否仅仅融入了一位议员和一位总统的职业特点呢？是不是同样流淌着他富拉尼的老祖母的游牧基因呢？

桑戈尔的出生地，甚至他的村庄，似乎也有着"他处"的特点，对此该如何解释？说到故乡西内-萨罗姆（Sine-Saloum）的位置，桑戈尔说那是"冈比亚和卡萨芒斯之间地势很高的"边界地区，并将其描述为"童年和伊甸园之间"的地方，"水泽、橡树和漂浮在陆地上的岛屿之地"。或者更确切地说是"我的美索不达米亚"。的确，桑戈尔是希腊主义者，而西内又位于两条河流之间。然而，美索不达米亚的内涵无论是从空间角度还是从历史看，都让他的想象力实现了一次壮观的跃升！

同样令人惊讶的是，在同一首诗中，谢列尔地区的风景和法国的风景被混合在一起，例如：

童年的橡树，九月的瘤牛和吉洛的橡树，秋天的厄梅农维尔之夜……

以及

封斋期的第四个星期四（……），谢列尔的恍惚的舞蹈。

主啊！在我心中，这一天就像欧洲的星期天醒来时分的感觉。

这一切都让我们产生了这样的感觉：当桑戈尔身在一个半球时，他却会通过思想召唤另一个半球，他能够消除他与非洲之间、与欧洲之间的距离，以至于他很少形神同时出现在某个地方。

这种排斥空间界限的精神需要，是不是源自他出生村子的狭小呢？或者恰恰相反，这片大草原的辽阔为他后来自由自在的旅行和骑行做了准备？我们能否提出疑问？爱德华·莫尼克就指出："宇宙难道不是没有墙壁的场所吗？"塞泽尔不是也提过"地平线的破碎"吗？

"我需要隐退到河边。"桑戈尔更加谨慎地这样写道。诗人经常越过萨卢姆河（Saloum）向南前行：加布河（Gabou），伊利萨河（Elissa），他的祖先就是从那里出发前往塞内加尔。诗人不断地在思想中回到那里，仿佛要恢复与家族血统的血脉联系。有无数人提到过热洛瓦（Gelowar）贵族和西拉·巴德拉尔（Sira Badral）公主，是她带领商队从加布河来到西内。诗人桑戈尔笔下真正的"起源神话"已经超越了塞内加尔南部地区。格拉夫朗（Gravrand）神父在他关于谢列尔文明的著作（达喀尔，NEA 出版社）中向我们介绍了他的考古工作。

非洲大陆广袤无垠，有南部地区，也有东部地区。桑戈尔诗中涉及了不同地区多种多样的人物和文化元素：杰内的羊皮纸，通不图（Tombouctou）的医生，塔甘特（Tagant）的帐篷，几内亚的家具，苏丹的缠腰布，贝宁的占卜者，波埃尔（Poëre）的牧师，蓬特（Pount）的香水（努比亚），巫毒教的女祭司，南非的克拉尔人（Kraal），瓦加杜帝国的卡亚马根人（KayaMagan）。他去到摩洛哥，对"莫加多尔白金女孩"（Mogador aux filles de platine）朝思暮想，他又到埃塞俄比亚听一位牧人吹奏长笛,并为他写下了《致示巴女王的哀歌》(*Elégie pour la reine de Saba*)。

此外,埃塞俄比亚和埃及是构成桑戈尔白日梦的两极,这两个国家时常出现在他的笔端。两个国家历史悠久,闪耀着黑色的光泽,是遥远记忆和灿烂文明的地方。关于埃及,谢赫·安塔·迪奥普的论文对诗人桑戈尔产生了巨大影响,就像对其他所有非洲黑人知识分子的影响一样。古代非洲黑人的伟大几乎是一个令人痴迷的主题,而埃塞俄比亚国名的希腊语词源和《圣经》的传统让桑戈尔浮想联翩,《圣经》上说示巴女王是位黑人女子,她富甲天下,即便所罗门王都不免对她心生嫉妒!

但如何解释桑戈尔在探寻地理空间方面表现出的这种"贪婪"呢?如此令人惊讶的两极分化的"地理贪欲"在下面的诗中又表现在水路上:

啊!狂饮河流吧:尼日尔河,刚果河和赞比西河,亚马孙河和恒河。
把所有的海洋都喝得一干二净……
(……)
我的心还在四方漂流,大海是那样无边无际。

这一次,非洲的界线向左和向右都被突破了,桑戈尔于是来到美洲和亚洲,他甚至打算走得更远,说要去"所有的海洋"……当然,水的意象在奇卡亚、塔蒂·卢塔尔(Tati Loutard)、塞泽尔、卡雷尔(Carrère)、莫尼克和圣约翰·珀斯(Saint John Perse)的作品中使用得也非常之多,于是,桑戈尔悄悄地与岛屿、海洋和河流的居民走到了一起……

但桑戈尔对信风为何如此着迷呢?难道是因为有游荡的风连接

起亚速尔群岛和加那利群岛、达喀尔和冈比亚、北部河流和马梅莱斯灯塔（Mamelles）吗？"啊！我的朋友们，这是信风，在他们的翅膀上、大海和天空上的真正的信风，就像天使一样。"可是风也不认识国界为何物。

桑戈尔诗歌的另一个旅行主题是女性。为什么诗人选择谈论这一主题？是要将其作为显示不同的象征吗？还是为了伪造线索？我们也许还记得维京人对一个被他们戏称为贝尔堡（Princesse de Belborg）公主说的话，"我的金发女郎，我的诺曼姑娘，我的征服者"，她的"信使走得比冈比亚更远，比塞内加尔更远……"诗人小心翼翼地拉开他和妻子之间的距离，仿佛他需要扩大空间来实现他的白日梦。

同样，他也会为美丽的塞内加尔女孩取上克里特女孩、埃塞俄比亚女孩、耶路撒冷的女孩的名字……奇怪的图像有时可以将两个种族联系在一起，并进一步证明了他对消除地域边界的痴迷：

我在一个金发的黑人女孩的蓝眼睛里看到了日落。

或者：

黑人老妇人，紫色的眼睛里闪着清澈的光。

或者他在苏凯娜（Soukeina）和伊莎贝尔之间来回游移的感情……

与这种诗意的观点相对应的是桑戈尔的混合理论，这种理论因消除种族界限的论调显得更易理解。桑戈尔相信，女人意味着逃离自己所属物种，穿越到边界的另一边，她们的目的地有时是动物界，有时是植物界，有时是神祇的世界。属于动物界的女人便是这样：

> 啊，你用你的双闪电把我击倒，
> 她们的咆哮发出可怕的甜蜜，
> 她们的爪子发出无情的喜悦！

而属于植物界的女人会是这样：

> 我的花冠张开了，我最喜欢的是我美丽的蜜蜂王子。

作为女神的女人是这样：

> 我将通过你的眼睛来凝视永恒的事物……

因为女人也是那扇通向无限的门……所以他说："女人女人，开门吧！"

我在其他地方说过，在诗人桑戈尔眼中，这个女人是一个神话，他称她为苏凯娜，或者伊莎贝尔，或者娜特（Naëtt），或者贝尔宝（Belborg），他在她身上找到了避难的港湾，仿佛是朋圭人（Pongwe）的面具（加蓬），或萨奥人（Sao）的雕像（乍得），她是"带着淡淡笑容的宁静的女神"，她的头"高高耸立在群山之巅"。她把诗人从身体、种族和尘世的偶然性中解放出来。

如果现在沿着这条线索分析，并结合诗人桑戈尔的时间概念，我们会再次发现原来具有划分功能的界限已经悄悄地消失了：

> 我总是混淆现在和过去，
> 就像常常把死亡和生命混为一谈，

一座甜蜜的桥梁把它们联系在一起。

有时，诗人说自己生活在"世界之春"或"原始时代"，而有时他又会写到"金色的明朗之夜"，说"这是正午，也是夜晚"……

对桑戈尔的时间流动性需要进行全面的研究，这一点甚至比他的空间思想更为重要，他的诗中在过去、现在、未来之间包含一种永久的往复，总是寻求超越，实现重生和永恒。

我们应该从中看到什么呢？这一思想把生命视为一个连续体，认为生命只是由快乐和不快乐的小事件（和大事件）组成。诗人已经在构思的墓志铭意味深长：在其中，他创造了一种梦幻般的温柔的存在。让我们想象一下波德莱尔描述的死亡的可怕幻象吧！桑戈尔低声说：

在我死后，我的朋友们，请把我安放在若阿勒的浓荫之下
远处，我可以听到夜色中水的流淌，
海洋轻轻摇动着摇篮，
我安睡着，我却未曾长眠，
我畅饮着夜晚的乳汁和美酒，
静静的天籁之声让我无法入眠……

在其他地方，他表示，若阿勒公墓会平等地接纳每个人，不管是天主教徒还是穆斯林，"这是一件令人钦佩的事情"，这又意味着宗教边界的消弭。

我们的诗人又吸收了非洲文化中一个根深蒂固的观念（特别盛行于谢列尔人中），即人们从不怀疑人死后依然存在。人们认为死者还会留在原来生活的地方，所以村庄里看不见的灵魂比看得见

的、有形的活着的人多一倍。生与死之间的界限的概念消失了，现在和过去的时间概念成为相对概念，死亡也不再是什么不可逾越的障碍，而是可以彼此渗透："一个村庄的灵魂在地平线上跳动着，他们是活人还是死人？"我们的院士桑戈尔写道："我自己也是我祖父的祖父。"在非洲，对这样的说法任何人都不会感到惊讶！

"文学能为我们的幸福做些什么？"罗贝尔·米西尔（Robert Musil）这样发问。而在这方面，桑戈尔的诗歌就可以发挥很大作用。

现在是该为本文收尾的时候了。内斯托普洛（Nestopoulos）夫人非常贴切地将她关于桑戈尔的书命名为《从传统到普世》（*De la tradition à l'universel*）。我们已经看到诗人的这一基本运动是如何渗透到他敏感感知的所有领域的。但是，面对这种跨越每一个界限、每一个藩篱的执着愿望，我们不得不承认他有些主观。他在《幽灵之歌》（*Chants d'Ombre*）中写道："我选择了我的家，它靠近我记忆中重建的城墙，在城墙的高处。"这话的意思要从字面上和引申含义去理解。

这难道不是一种允许和鼓励所有人离开的选择吗？它证明了诗人自称的种种变形："大使""朝圣者""墙草的心""移民""浪子""文化混血儿"，他的葡萄牙血统因为忧伤的性情而苏醒，或者还包含了因接触南非而生出的叛逆者查卡的精神吧。

最后，我们同样不能忽视桑戈尔的意识形态信念。桑戈尔过去是，现在仍然是一个社会主义者，还是一个基督徒。他的普世主义倾向早在1936年便已经出现，在题为《在示巴种族的召唤下》（*A l'appel de la race de Saba*）的诗中，这种倾向变得愈加明显。

当然，在写《致蓬皮杜的哀歌》（*L'Elégie à Pompidou*）时，桑戈尔总统正在访问印度，他于是自然会提到印度人和泰姬陵。但他为何又写到阿拉伯人、犹太人、印度支那人和中国人呢？后来，怀着丧子之痛，他在《致菲利普的哀歌》（*L'Elégie à Philippe*）中，把黑人和白人、地主和乞丐，以及"阿拉伯人、摩尔人和柏柏尔人、图西人和胡图人"都联系在一起……桑戈尔是一位真正的无疆界诗人。

让我们来审视一番桑戈尔与其政治原则的内在统一性。如同桑戈尔内心深处的冲动一样，他的思想在诗歌中得到了准确的表达，他的人和他的作品和谐一致，把分裂的东西统一起来，把分离的东西联合起来，这是同样的和谐动力，同样的团结要求，同样的对话力量。

因此，桑戈尔在他的生活和他的作品中都是诗人，他有着无穷变化的存在，仿佛凤凰的神话，从生到死，从一个种族到另一个种族，从一个大陆到另一个大陆，从我到你……如此的穿越代表了宇宙中的循环和交流。只有当交流者相距遥远时，这种交流才会显得从来没有过的美妙，恰如桑戈尔所熟知和理解的超现实主义者一样。

因此，他试图将两个极端结合在一起，创造"连接彼岸的内海"。

经过仔细考虑，桑戈尔的这最后一句诗很可能就是对他诗歌冒险很好的定义：开启和预言一个地球人的冒险。

（1996年在联合国教科文组织为纪念桑戈尔90岁诞辰所做讲座，巴黎）

第二次世界大战后背景下桑戈尔的诗选与萨特的序言

随着美国人的介入和苏联人的介入，欧洲的解放将大大改变欧洲与其殖民地的关系与格局。的确，希特勒法西斯主义的暂时胜利导致了一系列结果：炮制种族主义雅利安优越论，使用毒气室，消灭600万犹太人，迫害共产主义者和共济会会员，与维希政权、墨索里尼的意大利和佛朗哥的西班牙的纳粹分子积极合作，所有这些都动摇了旧国家固有的稳定。因此，欧洲向亚洲和非洲输出的文明并不能使它们自己避免犯这些可怕的错误。同时不要忘记对广岛和长崎的原子弹轰炸，以及解放过程中的各种肮脏交易。欧洲意识到了它的野蛮性，就像我们发现了一种可耻的疾病一样。

知识界的反应却相当缓慢。1950年，联合国教科文组织根据克洛德·列维-斯特劳斯（Claude Lévi-Strauss）的《种族与历史》（*Race et histoire*）（1952年）和米歇尔·莱里斯（Michel Leiris）的《种族与文明》（*Race et Civilisation*）（1951年）等民族学研究，发起了一场反对种族主义的世界运动。莱里斯1936年跟随格里奥尔（Griaule）探险队进行的旅行笔记又得以重新出版。

然而，从1947年到1948年，许多杂志就已经开始讨论种族主义。阿兰·鲁西奥（Alain Ruscio）特别提到了《社会主义杂志》

（*Les Cahiers socialistes*）（第16—17期）、《国际评论》（*La Revue Internationale*，第019期）、关于"黑非洲"的《帆船》（*La Nef*，第038期）、关于美国的特刊《现代》（*Les Temps Modernes*），当然还有《非洲存在》的创刊号。鲁西奥得出结论："一切形式的种族主义现在都已被禁止。"但直到1972年，雅克·鲁菲耶（Jacques Ruffié）教授在法兰西学院的首次课上才首次对种族概念的科学性提出质疑，不过他的质疑根本没有被普遍接受。

虽然科学界现在明确谴责种族主义，但日常生活中的种族主义并没有因此而消除，阿兰·鲁西奥因此提出"知识与神话的压倒性分裂"。第二次世界大战后，种族主义的发展受到了殖民地争取权利的运动和反抗运动的推动：印度支那战争，1947年马达加斯加的镇压［雅克·拉贝马南贾拉（Jacques Rabemananjara）和塞泽尔都曾对此发声］，1950年殖民者对科特迪瓦的丁博克罗（Dimbokro）和大巴萨姆（Grand-Bassam）的镇压（大卫·迪奥普曾提到过），以及喀麦隆和阿尔及利亚爆发的事件。

法国殖民帝国开始全面崩溃。必须补充一点，这一运动得到了美国的大力支持。美国之所以敌视非洲和亚洲的殖民化，是因为这两地当时已成为欧洲的后院，因此美国经济扩张的需要无法得到满足。另外，自美国南北战争（1861—1865年）以来，美国一直支持黑人解放运动，而联合国大会于1948年12月10日发表了《世界人权宣言》。此外，根据门罗主义（1832年）的原则，美国的对外干涉必须受到保护，这些原则可以适用于其他地方，比如非洲人的非洲。

此外，美国黑人士兵在诺曼底登陆和解放战斗中都做出了重要贡献，黑人与法国、比利时、德国妇女的婚姻大量出现……这让殖民时期对这样的婚姻的谴责成为历史。

欧洲的另一个解放者苏联崛起后，国际共产主义得到了加强，而国际共产主义是非洲独立的主要推动者之一。中国自1840年以来一直处于半殖民地半封建状态，孙中山于1912年建立了国民党，毛泽东领导红军完成了长征，并于1949年解放了中国。在越南，胡志明先是领导了对法国人的斗争，然后于1965年开始抵抗美国人。

在雅尔塔会议（1945年）之后，丘吉尔、罗斯福和斯大林确定了全球霸权的地区划分，大国之间的和平共处演变成为冷战。非洲和亚洲，甚至南美洲（古巴、委内瑞拉、阿根廷、尼加拉瓜……）成为东西方角逐影响力的地区。而在其中牺牲的是欧洲殖民国家的利益。

最后，我们不应低估工会运动和法国共产党所发挥的作用。事实上，法国总工会（CGT）和法国共产党支持苏丹（今天的马里）、象牙海岸、几内亚等国的非洲民主联盟（RDA）领导人，也支持喀麦隆的刚果爱国者联盟（喀麦隆的游击队尽管1955年才建立，但也配备了源自捷克的6.55口径手枪）。同样，中国共产党在万隆大会（1955年）上表现积极，与会的29个亚非国家正式谴责殖民主义。1946年，共产党议员投票赞成废除强迫劳动的"乌弗埃法案"。

1949年，艾梅·塞泽尔在共产党的支持下，从国民议会获得了将安的列斯群岛的旧殖民地转变为法国海外省的权力。这是一次胜利，尽管塞泽尔后来被指责参与了同化政策的制定，而且没有提出马提尼克独立的要求（事实上，他肯定不会获得独立的）。1950年，塞泽尔作为共产党党员，写下了一篇言辞激烈的《关于殖民主义的演讲》（*Discours sur le colonialisme*）。

然而，从20世纪五六十年代开始，法国共产党的斗争重心转向反对美帝国主义。虽然法国共产党对法国在亚洲殖民的立场仍然坚定，但对法国在非洲殖民的批评则要缓和、温和得多。因为非殖民化进程是由法国政府自己在布拉柴维尔会议上提出的：1944年2

月8日，戴高乐将军在"非洲联盟"的框架内宣布要进行意义深远的改革。1956年通过的"框架法"（称为德费尔法），给予"海外领土"内部自治权，由此，非洲殖民地在五年后获得独立。

因此，从理论上看，这一原则是正确的，尽管在某些情况下，独立有时是通过流血夺取的（如喀麦隆和阿尔及利亚）。虽然殖民地的许多封锁仍然存在，但被殖民者找到了表达自己的新的机会：他们要么用武力说话，要么是别人给予了他们表达的机会。

正是在这种背景之下，"黑人精神"运动蓬勃发展：桑戈尔的《黑人和马达加斯加法语新诗选集》（*Anthologie de la nouvelle poésie nègre et malgache de langue française*）出版，《非洲存在》杂志成立，法国黑人非洲学生联合会（FEANF）建立，法国联盟的一批年轻议员来到巴黎。

战争期间，塞泽尔在马提尼克岛凭借《热带》杂志接过了新黑人思想的大旗。而在被德国纳粹占领的法国，他的同伴们则被迫保持沉默。然而，1941年桑戈尔获释后，黑人学生团体又在他和阿利乌内·迪奥普周围重新团结起来。保罗·尼日尔、居伊·蒂洛里安和莱昂内尔·阿蒂利（Lionel Attuly），以及马达加斯加的雅克·拉巴马南贾拉加入了他们的行列，达荷美的阿皮蒂（Apithy）和贝汉津（Behanzin）很快也加入进来。四年中，围绕黑人世界的问题，观点交锋不断。保罗·尼日尔认为："这标志着我们的个性，创造了我们共同的良知。"不幸的是，巴黎的黑人知识分子没有机会通过报纸表达自己，也没有机会发表他们的所思所想，他们生活在真空环境，他们的"黑人精神"于是带有浪漫色彩，他们梦想着一片黑色的大陆，一个遥远的天堂。战争期间，在塞内加尔的圣路易，一群小学教师[马马杜·迪亚，法拉·索（Fara Sow），阿卜杜拉耶·萨吉（Abdoulaye Sadji），约瑟夫·姆巴耶（Joseph Mbaye）]发现了马尔库斯·加尔维（Marcus Garvey）和布克 T. 华盛顿

(Booker T. Washington）的思想。

解放后，保罗·尼日尔和居伊·蒂洛里安动身前往殖民地，他们在苏丹发现"躺在那里的人的非洲，像等待恩典一样等待着被人统治；飘动的非洲长袍，就像祛除痢疾、瘟疫、黄热病和口蹄疫的旗帜（甚至像皮鞭）"。所以他们满怀酸楚的心情想到他们在巴黎进行的讨论："我们生活在一个不真实的黑人世界中，充斥着由民族学家、社会学家等人通过研究橱窗里的人提出的理论。他们给黑人注射福尔马林，并声称这是幸福的人。"

保罗·尼日尔在一个关键问题上的看法是正确的：非洲的整个过去无论有多么辉煌，都不能解决它目前遇到的问题。非洲不再生活在组织严密的阿斯基亚人和氏族的时代，而是生活在一个殖民社会。周围的世界也发生了变化。对于一个已经获得解放的非洲来说，不是要回到其原始组织，而是在现代世界中发挥建设性作用。保罗·尼日尔作为曾经的殖民地行政长官，深谙技术是代表欧洲力量的工具，无论它的表现形式是火药、电力还是机器，而这恰恰是不发达国家的软肋，他们因此才受人殖民。于是，保罗建议非洲要尽快走上具体的变革之路，唯有如此才能让非洲国家在大国的圈子里发挥作用。

因此，许多人都将"黑人精神"付诸行动。桑戈尔与拉明·盖伊（Lamine Guèye）一起当选为塞内加尔议会议员，1947年，他与克瓦米·恩克鲁玛（Kwame Nkrumah）经常保持联系。雅克·拉贝马南雅拉回到马达加斯加，也被自己的人民选为领袖，他随后参与了该岛的反殖民主义运动。塞泽尔于1945年当选为马提尼克岛议员，莱昂·达马斯于1948年当选为法属圭亚那议员，阿皮蒂后来成为达荷美的议员，贝汉津成为几内亚的议员。阿利乌内·迪奥普也曾是塞内加尔的参议员，但他更擅长从事更纯粹的思想活动。因此，尽管他在国内被当成一个梦想家，但他还是着手创办了《非洲存在》杂志，并在议员任期结束后全身心地投入杂志的工作中。

几乎在同一时期，桑戈尔出版了他的《黑人和马达加斯加法语新诗选集》。1948 年是废除奴隶制的周年纪念日。因此，这一年出现的两件大事皆非偶然。首先，维克多·舍勒歇尔（Victor Schoelcher）的文选《奴隶制与殖民化》（*Esclavage et colonisation*）在 PUF 出版社出版。维克多·舍勒歇尔是一位著名的共济会废奴主义者，主编查尔斯·安德烈·朱利安（Charles André Julien）是法国联盟委员，同样也是共济会成员。另外，桑戈尔的诗歌选集在同一家出版社出版，这是黑人文学历史上的一座里程碑，其影响随着《非洲存在》的发展而不断扩大，保障了"黑人精神"运动在国际上的影响力。

事实上，桑戈尔的诗歌选集选取了最具火药味的一批诗歌，并将其作为反对西方政治和文化压迫的真正宣言。这本选集仿佛一声呐喊，又像是非洲黑人法语文学的正式出生证明，非洲黑人法语文学与法国文学截然不同，是法国文学无法同化的。这一张出生证明也是一份离婚证书：标志着与欧洲的分道扬镳。萨特在他的序言"黑色的俄耳甫斯"中很好地抓住了这一点，他不无讽刺地对欧洲人说：

当你拔掉堵住那些黑色嘴巴的布条时，你还指望什么呢？他们的头曾经被我们的先辈强行按在地上，而当他们站起来的时候，你以为会从他们的眼中看到尊敬的目光吗？这些黑人就站在那里，盯着我们看，我希望你们也能像我一样感受到被盯视下那战栗的感觉。

我们曾经是享有神圣权利的欧洲人，但我们已经感觉到我们的尊严在美国或苏联的注视下逐渐消失。欧洲已经成为地理上的一次意外：它不过是亚洲延伸到大西洋的一个半岛而已。

而我们至少还希望从非洲人恭顺的目光中再次看到我们的伟大。然而，他们不再向我们投来恭顺的目光，他们有的是要去判断我们的地球的一双自由的眼睛。

萨特的这篇序言对于提高《黑人和马达加斯加法语新诗选集》和"黑人精神"的影响力做出了巨大贡献。事实上，法国一位最杰出的知识分子对这种新文学的热情赞美，使它在内容和形式上都得到了认可，确保了它的传播，并使它在黑人作家所反对的欧洲享有了公民权。但这篇序言也引起了许多误解，因此需要对萨特的分析细加研究。

萨特将"黑人精神"定义为一种人与周围世界的关系的体验方式，"它包含了对整个宇宙的某种理解"，"一种超越经验的原始数据的方式，简而言之，是一项计划"。然而，对黑人来说，这种与世界的关系会被种族主义和一段历史所侵蚀：

因为黑人在他的种族中受到压迫，并且因为他的种族而受到压迫，因此他首先必须有种族意识。几个世纪以来，有些人因为他们是黑人就试图把他们变成野兽，结果徒劳无功。黑人必须要让这些人承认他们是人而非野兽。然而，黑人不是在逃避，不是要欺骗，也不是在"越界"：一个犹太人作为一个白人中的白人，可以否认自己是犹太人，宣称自己是其他白人中的一员。然而黑人就不能否认自己是黑人，也不能声称自己是抽象的无色人性：他就是黑人。因此，黑人被逼无奈要亮明自己的真实身份。他们受到过侮辱，曾经被奴役，如今他们站起来了，捡起那被人家像石头一样投向他们的"黑人"这个词，他们在白人面前可以自豪地宣称自己是黑人。

因此，非洲与西方的残酷接触改变了原本的黑人，为他们增加了一个种族因素。"是白人创造了黑人。"法农写道。四个世纪以来，有五千万黑人被从非洲掠走，而奴隶制直到大约一百年前才被废除。私刑、种族隔离、贫穷、偏见，等等，都成为黑人痛苦的历史回忆：

> 黑人经历了一系列的历史变形，表现为殖民化的特殊形式，在客观已知的历史时代，包括奴隶制、驱逐和种族主义，统统都强加给了这些民族。

这样，一个"本源的和苦难的社群"就产生了，成为"黑人精神"的标志。这一阻碍如此之沉重，直到近几十年来，黑人依然无法从自身找到能够撼动它所需的能量。所有的奴隶起义都遭到了镇压，唯一的特例是1804年的海地，这里的"黑人第一次站了起来"（塞泽尔）。奴隶制之后，殖民军队维持着非洲的"良好秩序"，而这"良好秩序"在安的列斯群岛之所以能够得以实现，是由于饥饿迫使农民无法离开甘蔗种植园，另一个原因则是本地精英们的异化。黑人学会了宿命论和逆来顺受。在这个时候，"黑人精神"呈现出一种真正的"激情"的所有特征，融入了黑人精神之中。

然而今天，黑人拒绝这种由武力强加的命运，他们拒绝奴役，拒绝压在他们种族身上的偏见，正如《非洲存在》的创始人阿里乌内·迪奥普所说，他们不仅想在宇宙中占有一席之地，而且想要丰富宇宙。

> 重要的是，所有人都能参与人类的创造性工作。非洲的存在将与其他'存在'联系起来，因为非洲的个性将在科学和艺

术的发展中留下我们的关切、处境和天赋的原始印记。

事实上，对当代黑人而言，他们面临的已不再是一个回到"黑人精神和源头"的问题，他们必须解决其他问题。但他们仍然希望恢复因殖民而受到伤害的文化，并从中汲取力量，他们依靠的是他们的历史和他们的全部经验。他们保留了德拉福斯（Delafosse）、阿迪（Hardy）、弗罗贝纽斯和桑戈尔所说的"黑人灵魂"的不变性，这是非洲祖先文化的产物。阿里乌内·迪奥普在1959年清楚地说明了"黑人精神"的两极："黑人精神……不是别的，而是黑人的天才，同时又是他们对彰显自身尊严的渴望。"

让我们来总结一下：萨特所确定的"黑人在世界的存在"包含了他们的文化身份的要素，以及这种原始文明所催生的特殊心理。此外，还有种族"激情"的伤痕，这些都必然会在他们的集体记忆中长久地留下印记。最后，萨特确定的概念还包括"对种族的高傲的肯定"、对西方种族主义和帝国主义的反抗，以及对政治独立的诉求，这些是20世纪黑人所特有的想法。

萨特所写的序言成为桑戈尔的《黑人和马达加斯加法语新诗选集》的精彩开篇，而这部选集中则介绍了十六位诗人，除他本人外还有莱昂·达马斯（Léon Damas）、吉尔贝·格拉蒂安（Gilbert Gratiant）、艾蒂安·莱罗（Etienne Léro）、艾梅·塞泽尔、居伊·蒂洛里安、保罗·尼日尔、莱昂·拉洛（Léon Laleau）、雅克·鲁曼、让-弗朗索瓦·布里埃（Jean-François Brière）、勒内·贝朗斯（René Belance）、比拉戈·迪奥普（Birago Diop）、大卫·迪奥普、J. J. 拉贝阿利维洛（J. J. Rabearivelo）、雅克·拉巴马南贾拉、F. 拉奈沃（F. Ranaivo）。

这些诗人中有的已经小有名气，达马斯、格拉蒂安、莱罗、塞泽尔、桑戈尔、鲁曼、拉洛、布里埃都已经广为人知，他们的代表诗作如《黑女人》（*Femme noire*）、《查卡》（*Chaka*）、《打嗝》（*Hoquet*）、《背叛》（*Trahison*）。"我的黑人精神既不是高塔也不是教堂"，这句话已经成为整整一代人的低沉的歌曲。但这部诗歌选集中也不乏年轻诗人：安的列斯群岛的保罗·尼日尔［《我不喜欢非洲》（*Je n'aime pas l'Afrique*）］和居伊·蒂洛里安［《一个小黑人孩子的祈祷》（*Prière d'un petit enfant nègre*）］；非洲的比拉戈·迪奥普［《呼吸》（*Souffles*），《卡萨克》（*Kassak*）］和大卫·迪奥普［《杵声幽幽》（*Coups de Pilon*）］，而马达加斯加诗人有三位，一位是在本国已经享誉盛名的拉贝阿利维洛，另外两位正是凭借这本诗歌选集而声名鹊起的。其实早在1947年，达马斯就出版了《1900—1945年法语诗人选集》（*Poètes d'expression française 1900 - 1945*），由Seuil出版社出版。这部作品把安的列斯群岛人、非洲人和亚洲人聚集在了一起，曾经遭受殖民是他们唯一的共同点。不过这本诗歌选集太过"宽泛"，因而被隐没在桑戈尔这本表现黑人精神的诗集的光环之下。

1950—1960年，一群年轻的诗人敏锐地感受到了诗坛的变化，于是纷纷走上桑戈尔的诗歌选集所开辟的道路。他们提出新的主题，确定了创作基调：必须用饱蘸黑人精神的墨笔进行诗歌创作。他们中的许多人颇具天赋，但缺乏他们前辈的毅力。他们推出了一批优秀作品。勒内·德佩斯特（René Depestre）创作了两本充满激情的诗歌选集：《黑矿石》（*Minerai Noir*）和《大海的翻译》（*Traduit du grand large*）。同样，E. 埃潘亚（E. Epanya）、桑加特·库沃（Sengat Kuoh）、雷·奥特拉（Ray Autra）、乔治·德波特（Georges Desportes）、贝尔纳·达迪耶和保兰·若阿基姆（Paulin Joachim）也写出了充满活力的革命性诗歌，但可惜仅仅是昙花一现。这一批富有战斗精神的诗歌与大卫·迪奥普的诗非常相似，而乔治·德波特把他的诗歌七弦琴调成了与塞泽尔相同的风格，拉明·迪亚卡特（Lamine Diakhaté）的诗歌科拉琴弹出了桑戈尔风格的旋律……

因此，可以肯定，在桑戈尔的演讲和他的早期文集之后，更加激进的《黑人和马达加斯加法语新诗选集》成为反对西方殖民的第一次伟大的政治行动，它总结了一个富于战斗精神的"黑人精神"的所有感情，并为塞泽尔在两年后创作《关于殖民主义的论述》（*Discours sur le colonialisme*）奠定了基础。

《非洲黑人文学史》（*Histoire de la littérature négro-africaine*），卡尔塔拉，2001年

"黑人精神"的前世今生

桑戈尔、塞泽尔、达马斯和其他一些人之所以闻名遐迩，他们名字之所以令成千上万的非洲人和黑人世界的知识分子熟知，皆是因为"黑人精神"这个词，它将所有散居在世界各地但有着共同命运的黑人都团结在一起。

为了确定桑戈尔理论建构的这一概念，我们认为需要回顾一下20世纪60年代对黑人文学运动进行的第一次研究和首次定义，这一定会有启发意义的。下面是这一研究的部分节选，其中汇集了桑戈尔的十几篇作品（包括散文和诗歌），他在其中都使用了"黑人精神"一词。我们将根据桑戈尔当时使用这一词语的语境来解析"黑人精神"一词在变化之中包含的意义。

在1933年至1935年间，艾梅·塞泽尔和我是在什么情况下提出"黑人精神"这个词的？当时，我们和其他几个黑人学生陷入了一种恐慌和绝望之中，地平线被遮住了，看不到改革的前景，殖民者用白板理论证明了我们在政治和经济必然具有依赖性。他们认为我们没有发明任何东西，没有创造任何东西，没有留下文字作品，没有雕刻作品，没有绘画作品，也没有歌曲作品。我们会跳舞！可是除此之外还有什么呢？为了进行一场有效的革命——我们的革命，我们必须首先摆脱我们借来的这身衣服，被同化的衣服，必须肯定我们的存在，即我们的"黑人精神"。然而，即使"黑人精神"被定义为"黑非洲的文化价值的总和",也只能让我们初步解决问题,而不是提出真正的解决方案。我们不能再回到过去,不能回到本初的"黑人精神"。我们不再是生活在松海王国的阿斯基亚人统治之下,甚至也不再生活在祖鲁王国的查卡人统治之下。我们当时是20世纪的巴黎学生,20世纪的现实之一当然是民族觉醒,而另一个更真实的现实是各国人民和各大洲之间的相互依存。

我们为了成为真正的自己,必须在20世纪的现实中体现非洲黑人文化。为了使我们的"黑人精神"成为有效的解放工具,而不是博物馆的一件展品,我们必须清除这一精神的糟粕,并将其纳入当代世界的团结运动。这正是1956年9月在索邦大学举行具有象征意义的第一届黑人艺术家和作家大会时得出的结论。

记忆和情感的文化

在1959年的这篇文章中,桑戈尔重提了他最喜欢的定义,"黑人精神"是"黑非洲的文化价值的总和"。但他立即将"本初的黑人"(即白人到达非洲之前黑人的境遇)与今天作为"有效的解放工具"的"黑人精神"对立起来。与第一种"黑人精神"相比,今天的"黑人精神"因为多年的殖民统治而具有一种进攻性。因此,"黑人精神"的含义是不断变化的,具有一个历史维度,对此桑戈尔虽未解释,但他却已经意识到了。

让我们看看桑戈尔的其他文章:"我经常撰文表示情感属于黑人。我因此受到指责,他们错怪了我。但我看不出有什么其他办法能说明我们的特殊性和这种'黑人精神'的特性,它是包括美洲在内的黑人世界的文化价值的总和,萨特将其定义为对世界的某种情感态度。"

在此,我们重又找到了"黑人精神"的第一个定义,即黑人的文化价值的总和。但除此之外，这些价值观决定了黑人的一种特殊性，使他们有别于其他人，因为"黑人精神"赋予了黑人一种不同的"情感态度"。

"节奏，从情感中产生，反过来又产生情感。而幽默是'黑人精神'的另一面。这充分说明了其多重价值。"
"单调的语调是诗歌区别于散文的特点，是'黑人精神'的印记，是通往事物本质真理的咒语，这是宇宙的力量。"

所以"黑人精神"就是特殊的情感态度、节奏和音调。

黑人的这种特殊敏感性塑造了非洲诗歌特有的节奏和特点。通过这种单调的、咒语般的节奏，人们可以与统治世界的生命力量息息相通。

"将一首诗变成'黑人精神'的，与其说是主题，不如说是风格，是赋予文字以生命和将话语转化为音调的情感温暖。"

在其他文章中，桑戈尔重温了本初的"黑人精神"，回到了殖民前，在当时，黑人的生活还没有被异化；或者他又重温了自己所说的"童年王国"，当时他幸福地生活在他遥远的村庄里，远离欧洲人。"黑夜使我从道理、沙龙、诡辩、善变、借口、精心策划的仇恨、文明的屠杀之中解脱出来。黑夜将我所有的矛盾融为一体，所有的矛盾都融为'黑人精神'的原始统一。"

但有时"黑人精神"指的是他的肤色，以及他被排斥在现代世界之外的被鄙视的种族：

……被禁止的黑人血统的贵族，科学和人性，在"黑人精神"的边界上拉起了警戒线。

桑戈尔的"黑人精神"是对白人的反抗，是对同化的拒绝，是对自我的肯定：

> 独立和"黑人精神"一样。正如我所说，它首先是一种否定，更确切地说，是对一种否定的肯定。这是一场历史运动的必要时刻：拒绝他者，拒绝同化他者，拒绝在他者中迷失自我。但由于这场运动是历史性的，因此也是辩证的。拒绝他人就是对自我的肯定。

今天的"黑人精神"

自从非洲独立以来，"黑人精神"经历了一系列变身，以至于现在有一种趋势，要把这个词当作一件破旧的衣服一般抛弃。当然，桑戈尔本人也与此有很大关系，因为他过多地使用了这一词语。

桑戈尔通过对"黑人精神"的推广和改造，将这一概念构建为一种真正的意识形态，这不仅是一个文化工程，而且是一个社会工程，正如一些人所说的那样，它是一种"政治借口"。对这位总统太多的评论给桑戈尔的对手提供了极好的批评目标！但是，即便被笨手笨脚的人或怪诞的人模仿，也无助于确立"黑人精神"这一新的政治哲学。

非洲知识分子身上没有那多么的怜悯之情！他们诞生于"黑人精神"运动的大潮，这场运动给了他们骄傲、自信和斗志，这些人中有马西安·托瓦（Marcien Towa）、P. 乌通吉（P. Hountondji）、帕泰·迪亚涅、蒂加尼·塞尔普（Tidjani Serpos）、斯坦尼斯拉斯·阿多特维（Stanislas Adotevi）、谢赫·安塔·迪奥普。（这里所列举的仅是最重要的几位大学教授），他们支持尼日利亚人沃雷·索因卡（Wolé Soyinka）的观点，他说："老虎不会宣布它的老虎精神，它会直接扑向猎物，将它吃掉。"

因此，"黑人精神"作为一种意识形态受到许多人所写的回忆录的挑战，其中最重要的是《黑人精神与黑人学家》（*Négritude et Négrologues*）（第10/18版）和《黑人精神或者奴性》（*Négritude ou Servitude*，Clé出版社，雅温德）。当然，今天的每一位文学评论家〔穆拉利斯（Mouralis），奥塞（Hausser），斯坦斯（Steins）〕在讨论这位年老的雄狮时都表现得十分谨慎，每个人都想落井下石。

然而，"黑人精神"是一个可操作的概念，如果需要，它会不断地以其他形式在其他层面重生。这个词被抛弃了，但内容得以保留。教授非洲中心主义和黑埃及文明的美国杰弗里（Jeffreys）教授持何种态度？一些非洲建筑师对现代建筑的"苏丹"风格会做出怎样的选择？为何一些非洲的高管人员想要恢复一夫多妻制？在数字已经显示非洲城市人口增长惊人的情况下，为什么他们还想要生许多孩子？

桑戈尔或许会回答说"这是黑人世界的文化价值"，即"黑人精神"。

为什么非洲政客们经常愿意在身边安插自己的亲人，以至于出现了被称为裙带关系的倾向？原因无非是一种强烈的家庭意识，一种非洲文化价值。当他们甫一担任一个部门、一个企业、一个研究所或一个部的负责人，行事方式便与他们以前所宣称和宣布的民主原则相违背。这就是首领的概念，一般非洲人心中的权威形象，与他们的漫长的历史有关（啊，法老，你这神圣的国王！），这就是黑人世界的文化价值观。

我们今天更愿意说：封建思想的反射，或者古老的社会结构，或者传统的习惯，或者民族文化……或者非洲的身份认同。这样讲是否就更准确呢？唯一改变的是文字表述，其实意思还是一样："习性可以赶走，可它马上又会回来！"

今天，知识分子在是否给予"黑人精神—身份认同—文明"的概念优先地位的问题上仍然存在分歧，有些人更加关心的乃是非洲人民的经济、健康，甚至粮食的未来，因为毕竟，人首先要生存下去，不是吗？

我们今日面临的关键问题是如何将这种文化特性与发展的需求联系起来，甚至与非洲国家在全球化中的生存联系起来。

发表于《对角线》（*Diagonales*）No. 28，1993 年 10 月 28 日

21 世纪初的桑戈尔、"黑人精神"和法语国家与地区

当我们试图通过"黑人精神"和法语国家与地区来定义桑戈尔总统时,想要对他走过的道路发表评论是极其困难的。因为仅此就已经是非常具有倾向性的,包含了对具体的意识形态的解读,以至于它所隐含的悖论都无须证明。

就我而言,我从未发现桑戈尔思想的这两极之间存在任何真正的矛盾。我们的这位诗人会根据时代和需要的不同而吹响不同的号角,他是黑人中的黑人,又是讲法语的人中的讲法语的人,就仿佛西方传教士所说:"我们和中国人在一起时就要成为中国人!"

然而,我们必须记住历史:正是桑戈尔与塞泽尔、阿里乌内·迪奥普一起,在1945年之前提出了"黑人精神"的概念,赋予了这一概念具体的、种族的和文化的内容,并不断丰富它,使之成为"行动的思想"和桑戈尔的政治理论。

因此,"黑人精神"首先是桑戈尔的创意,他既是这一思想的先驱,又是它的象征;既是这一思想的传播者,又是这一思想的艺术家。

在诗歌作品中(见其所有序言),在绘画或面具上,在表演或建筑中("不对称的平行性"),他都给出了"黑人精神"的参照和

参数。他把触角从一本书延伸到另一本书，使它具有了一种意识形态的维度。

总之，如果说他是一位"黑人精神"哲学家，那么，他首先是利奥波尔德·塞达·桑戈尔。因此，他让整整一代非洲知识分子为之痴迷，他们费劲气力（有时使用暴力和辱骂）才不受他耍蛇者般的话语的影响！因为关于"黑人精神"的"论述"无疑是桑戈尔思想中最著名的和阐述最多的方面。在其背后，是更加隐秘、更加秘密的"生活经历"。

许多人否认我们这位总统的"黑人精神"的经历。许多人指责他只会用文字和概念来装饰或掩盖他的欧洲经历。

然而，在他的诗中，只要我们稍微深入研究——他想象的方法、声音的技巧、文化的参照，便足以发现桑戈尔的非洲经历。

只要看看他对塞内加尔的二十年"统治"，看看他以近乎无懈可击的技巧操纵朋友与对手，以达到他的目的，就能够意识到他是多么谙习非洲心理学，多么了解非洲人的内心世界。

生活经历和话语之间的这种明显差距会令外行人有些惊讶。事实上，演讲将非洲文化理想化，只强调其积极的一面。然而，桑戈尔的生活经历却以非凡的现实主义左右并利用了他的同胞们多样的矛盾和有争议的本能。

因此，桑戈尔在抽象的"黑人精神"的天使般的水域中演变着，他如鱼得水，仿佛在政治谈判的波涛汹涌中嬉戏一般，他表现出的轻松只能解释为他对非洲文明的深深的归属，他理直气壮地声称自己是非洲文明的一部分。

然而，我们注意到，今天桑戈尔已经失去了对"黑人精神"话语的垄断，而且，这一概念越来越让位于非洲主义或非洲复兴的概念。

让我们再回顾一下历史。法语国家与地区概念最初是由桑戈尔在布尔吉巴（Bourguiba）和迪奥里（Diori）的协助下于1962年提出的。由于没有如桑戈尔所希望的那样成立非洲联合会，他便组织了各部门的协会（教育、议会、高等教育等），这些协会能够促进非统组织和中部非洲的不同国家之间的联系。最初，桑戈尔认为法语国家与地区是将非洲文学引入法国大学的特洛伊木马。他在这方面部分地说对了。法国的斯特拉斯堡、格勒诺布尔、利摩日和波尔多的法语国家与地区专业教授席位是非洲文学在今天真正得到承认的唯一教席。而在其他地方，该专业完全依赖某一位教授，如果他离开，课程也就难以为继！

正如莱纳（Leiner）夫人离开普罗旺斯的艾克斯市后所发生的情形，或者在蒙彼利埃，随着让·塞夫利（Jean Sevry）和J. P. 里夏尔（J. P. Richard）的退休，非洲英语文学教学就随之中断。

后来，法语国家与地区成为桑戈尔的一个平台，让他可以实现政治目的。作为法语国家与地区成员国的塞内加尔成了他手中的一颗卫星，变成像加拿大或比利时一样经济实力较强的独立国家，然而，由于在联合组织中的法律规定，塞内加尔与这些组织处于平等地位：部分或完全教授法语的大学协会（Association des Universités Partiellement ou Entièrement de Langue Française，AUPELF），社区学院受托人协会（Association of Community College Trustees，ACCT），国际法语委员会（Conseil International de La Langue Française，CILF），法语天文馆协会（Association des Planétariums de Langue Française，APLF），等等。

最后，法语国家与地区似乎在近些年又成为了桑戈尔的战马，因为总统也被利用了。

让我们来看当时的情况：桑戈尔从他的非洲政治岗位上退下来后，他发现自己被拉进了不同的国际组织，如社会党国际（Internationale Socialiste），或法兰西学院。作为法语国家与地区组织的代表,他被要求提供许多官方服务。这些工作他很乐意去做,因为他一直是一个善于沟通的人。

因此,他自由自在地对法语与地区国家进行理论思考,有时还会记起他的希腊语和拉丁语。但如果我们让他展开哪怕一点点思想,这位善于往来穿梭的总统就会指出非洲黏着型语言和欧洲屈折型语言之间的区别,埃及人血型与塞内加尔人血型的相同点,柏柏尔黑人发明的平原圣歌,等等。不必催促,他也会开始向你详细介绍起一首谢列尔人的圣歌的重音……

* * *

虽然听起来很奇怪,但桑戈尔似乎从未感受到"黑人精神"和法语国家与地区概念的分裂是矛盾的。这对他的同时代人来说是如此难以理解,于是人们纷纷指责桑戈尔在进行同化或者一身虚伪,有人认为他是文化异化的受害者,而有人批评他是文化异化的共谋。

因此,对于桑戈尔在他的非洲出身和他对法语的热爱之间保持的这种真诚的情节,没有人愿意去相信,他们更加欣赏另一位诗人,即海地诗人莱昂·拉洛(Léon Laleau),因为拉洛曾写道:"用法国的话语驯服这颗来自塞内加尔的心,你是否感受到了这种痛苦?"

然而,似乎没有人意识到,这些著名的诗句可能只不过是一种美丽的文学表达而已,人们可以很幸福地使用两种语言,为什么不可以呢?

确实,非洲文学深受一些作者的颓丧和痛苦的影响。谢赫·哈米杜·凯恩的优秀小说在很长一段时间里开创了黑人人格混合性这一主题,这是外国思潮影响的结果,这影响包括语言的和外国文化的影响,其他的影响则来自"黑人精神"作家的抨击和诉求,比如蒂洛里安笔下的黑人小孩儿发出这样的祈祷:"我的上帝啊!我再也不想去他们的学校了。"又比如大卫·迪奥普，他发出这样的嘲笑："我可怜的兄弟……他们在居高临下的客厅里尖叫和低语。"此外还有达马斯，他笑着说："我不是告诉过你吗，必须要讲法语，法国的法语！"

西方语言和文化被认为是让人丢失出生文化和异化的罪魁祸首，这是"黑人精神"的主要论点一。当然，在整个20世纪末，用语言文字去侮辱前殖民者成为一种风尚。有一种被压抑的非洲语言的浪漫主义选择使用法语表达，这得到我们作家（都是双语作家）明确支持。然而，即使在可恶的主人离开之后，他们仍然使用法语写作，他们之后的下一代和下下一代也都继续这样做。后者更加尴尬，作家们，由于外语没有被人们很好地接纳，社会上其实没有实现真正的双语使用，人们只不过是生活在双语共存的环境罢了！

我们今天遇到的"混合文化"作家比40年前多得多，这一问题远未解决，因为人们坚持拒绝给予非洲语言任何文化地位和教育地位。当然，解决这一问题的办法就是让此类作家使用辉煌的非洲语言写作，而非洲语言的发展与复兴也应该依靠这些作家。

* * *

但是，还是让我们再来研究桑戈尔以及所有创立非洲法语文学的人吧。革命家蒙戈·贝蒂不是就坦然地承认之所以用法语写作是因为自己喜欢法语吗？他不是从没想过用埃温多语（Ewondo）写作吗？约瑟夫·佐贝尔（Joseph Zobel）、德佩斯特和奥兰普·贝利·克努姆（Olympe Bhely Quenum）不是一些快乐的法语文体学家吗？为什么贝尔纳·达迪耶没有用巴乌雷语（Baoulé）创作过，哪怕是一篇也好？法语是否足以表达他的私人幽默感？还有希卡亚（Chikaya），他为什么要让那些对他就此提问的人走开呢？

还有那些离我们更近的作家，如肯·布古尔（Ken Bugul）、东加拉（Dongala）、亨利·洛普、范图雷（Fantouré）、莫内南博（Monénembo）、马班库（Mabankou）、瓦贝里，他们不也是一些快乐的讲法语的人吗？其实根本没有人能阻止他们用自己的语言写作。此类例子不胜枚举，如谢赫·恩道（Cheikh Ndao）、萨克叙尔·蒂亚姆（Saxür Thiam）、鲍里斯·迪奥普（Boris Diop），或者进行的综合实验的库鲁马和马冈·迪亚巴特（Magan Diabaté）。这位迪亚巴特自己不也承认"喜欢"用法语写作吗？

如果我们仍然对这一现象感到惊讶，我们只需跳过一切殖民或文化局限去看一看像美国人朱利安·格林这样的小说家，他的小说是用法语所写，然后翻译成英语！还有讲法语的黎巴嫩诗人哈利勒·纪伯伦（Khalil Gibran），以及丹麦人凯伦·布利克森（Karen Blixen），她所有的作品都是用英语创作的。此外还有阿尔及利亚的卡特布·亚辛尼（Kateb Yacine）和摩洛哥的本·热鲁恩（Ben Jelloun）。

因此，我们必须认识到，完全有可能"用法国的话语驯服我这颗来自塞内加尔的心"，抑或驯服来自其他地方的心。更笼统地说，一位双语作家完全可以爱上母语之外的一种语言，并更加喜欢用这种语言来表达自己。

因此，如果我们拿从其他角度选取的例子来分析，桑戈尔的情况似乎就不会显得那么特殊了。毕竟，为什么只有黑人诗人要受他唯一的母语所困呢？如果他声称要获得自由，那也是用他自己选择的语言写作的自由。要求一个国家的诗人必须使用该国的语言来写作，这难道不是一种意识形态的立场的表现吗？也许这就是常态。如果这一标准不再受到尊重，我们将面临一个文化政策问题，必须在其他层面（出版、公众、教育、语言的法律地位）加以解决。

然而，从个人层面看，当一个人有幸掌握一种以上的语言时，难道不应该保证每个人都有使用自己选择语言的基本自由吗？诗人哈米杜·迪亚因此总结道："应该使用你感觉最为舒服的语言写作。"

* * *

在此我们会发现，事实上，桑戈尔除对谢列尔语的热爱外从来没有说过别的什么：这种语言"用三个音调歌唱，使用同声结尾、头韵重叠法和柔和的闭塞辅音，其间夹杂的发塞音如梭子般往来跳动"。桑戈尔对谢列尔语的热爱与他对佩吉（Péguy）和克洛代尔（Claudel）的法语的依恋和谐共存。

最初，在选择准备语法教师资格考试时，桑戈尔进行的只是语言活动，而之后他关于法语国家与地区的相当多余的演讲实际上是一种向政治方向的转变。还有什么能够比通过学习成为一门语言的专家能让一个人更全面地掌握一门语言吗？非要做教授这门语言的教师吗？非要成为使用那种进行语言创作的诗人吗？因此，正是凭借这个内心古老的共识，桑戈尔运用逻辑来捍卫和说明法语，就像他捍卫和说明"黑人精神"一样。

因为法语也是他的专长，用这种语言，他可以加工他诗歌的流动材料、他的思想的灵活形式、他千姿百态的感觉。他把法语变成了他温顺的乐器，诗人驯服了法语，而不是被法语驯服了他的心。这仍然是一种征服和占有的方式。

在这里，诗人是征服者，这种服从他意志的语言现在是他从对手殖民者手中夺取的战利品。殖民者总是很惊讶地看着这些外国人，这些黑人，这些阿拉伯人：这些人居然能够使用殖民者的语言如此微妙地表达自己！

此外，法国人对法语文学作品的态度仍然常常模棱两可，甚至不屑一顾，因为正如上文引述的马里人迪亚巴特冷嘲热讽地回忆的那样，法国人认为"只有巴黎才会有好东西"。

但这并没有阻止法语文学变得更加强大，而且越来越远离法国本土。如今，人们已经不再想要把安娜·埃贝尔（Anne Hébert）这样的加拿大人、阿米纳塔·索·法尔（Aminata Sow Fall）这样的非洲人，或者安的列斯人玛丽斯·孔戴纳入法国文学之中。人们认识到原生文化之间的巨大差异，人们承认原生文化深深地决定了文学作品，所使用的语言已不足以将其吸收并融入欧洲的怀抱。

这一切在20世纪60年代并不是显而易见的。

这是法语国家与地区要研究的工作，对于中心而言，它是可以实现恢复的工具；对于外围而言，它是进行分离的工具。这有些像膨胀的星系的运动，行星义无反顾地远离中心，没有人能把它们拉回来。

在21世纪，"黑人精神"和法语国家与地区将会变成什么样子？对这一问题，桑戈尔和阿利乌内·迪奥普肯定会回答说，两个概念都将"根据供与需的变化而存在下去"。

而我们要补充的是，两个概念最好互相支持，而非彼此争斗，否则明天他们都将被盎格鲁-撒克逊文明吞噬，或者在今后被中国文明、日本文明吞噬。只有在尊重的基础上——最好是相互承认的基础上，不同文化之间才能进行对话。

本文以英文发表于《非洲文学研究》，美国伯明顿，俄亥俄州大学出版社

桑戈尔与融合理论

我们发现，融合理论是桑戈尔最感兴趣的众多话题之一，有了前面论文的铺垫，这一点也就不足为奇了。融合理论是作为"黑人精神"作家的诗人桑戈尔的特点之一，令他受到了政治对手及各类非洲知识分子的一再指责。

桑戈尔的这一思想体现为几个方面混合交融，首先是他所说的"文化融合"："我们都是文化上的混血儿"。因此，对于因西方学校教育或非洲母性文化改变而产生的文化适应过程，他是这样说的："人家告知我：你居然拒绝玫瑰，而你的祖先是高卢人。"文化的融合对一些人来说就是杂糅，对另一些人来说是深刻的异化，或者反映了内心的痛苦。所有的知识分子都能清楚地认识到这种双重文化现象。"但我无法从头脑中抹去我父辈的脚步，也无法抹去我祖辈的脚步，在我开放的头脑中，风和北方的强盗（……）／愿我的血不要像一个被同化的人或一个文明人一样褪色。"

然而，桑戈尔是少数几个能够从中看到积极方面的人之一。

奇怪的是，在众多宣扬独立的活动家中，他偏偏选择与最具革命精神的弗朗茨·法农（Frantz Fanon）走到了一起：弗朗茨·法农比任何人都更深刻地分析了随着法语而出现的黑人文化异化现象，他表示，必须重新发现民族文化的价值。但黑人只是地球文明的继承人之一，不可能以"回归本源"为借口，不加区别地解释就放弃这种文明。他在《黑皮肤，白面具》一书的结尾处写道："对许多有色人种知识分子来说，欧洲文化呈现出一种外化的特征。（……）知识分子不想成为别人眼中被嫌弃的穷亲戚，或是私生子的后代，他们不是因此正在狂热地试图发现一种黑人文明吗？我是一个人，我要重新了解世界的全部过往。我不仅只是支持圣多明各的暴动，每当有人弘扬精神的尊严时，我就会感到自己站到了他的一边。"

当然，法农的这一鲜明立场将其置于了马克思主义的普遍主义之中，而桑戈尔则将其理解为一种屈服西方的表现，理由是法农写了诸如《和平祈祷》（*Prière de paix*）一类诗歌，而且对法语这种"善良和诚实"的语言表现出不加掩饰的钟爱。喀麦隆耶稣会士昂热尔贝·姆旺（Engelbert Mveng）是这一无国界文化遗产主张的另一位见证人。在谈到被强加给自己的法语时，他常说自己丝毫不觉得是被强迫学习法语的，更没有被法语同化，他表示："是我同化了语言，我在学习过程中成为一个人！"

最后，在当时的天主教领域，泰亚尔·德·夏尔丹（Teilhard de Chardin）的思想闪耀着光芒，桑戈尔公开地表示接受这一思想，并提出了一个文化与精神相统一的世界的末世愿景。萨特本人不是也相信"黑人精神"终有一天会被超越吗？因为黑人在世界中的存在会与普遍的人文主义融为一体。

然而，桑戈尔的文化融合论还扩展到了生物融合论。他在《行动的诗歌》（*La poésie de l'action*）中说："人类学和历史都表明，所有伟大的文明都是混合体，包括生物领域和文化领域。"桑戈尔指出，伟大的文明莫不是融合而成。他列举了很多例子：闪米特人和黑人的埃及文明，黑人和雅利安人的印度文明，凯尔特人、罗马人和法兰克人的法国文明。他为地中海歌唱，将其赞美为"把对立的土地连在一起的肚脐"。

奇怪的是，桑戈尔觉得自己也是生物学意义上的混血儿："我在非洲的中心地带出生，在种姓、种族和道路的交汇之地长大……你得到了谢列尔人的血和富拉尼人的血的贡品。我的血液混合在我的血管之中……还有葡萄牙人的血液。"他在其他地方写了更有争议的东西，为某些人的血赋予了特定的品质。当然，原来的特质发生了改变……

我们还要考虑个人偏好的影响，桑戈尔偏爱圣路易和戈雷两地的混血姑娘的美丽容颜，他自己更是与一位诺曼底姑娘结合，生下了英俊的小菲利普。

最后，随着技术的发展，出行越发便利，人们可以更加自由地旅行，桑戈尔认为人们于是有了更多与不同种族的异性结婚的机会，必然会导致混血儿的增多，这正是美国和巴西所经历的。

桑戈尔经历的白人种族主义也不可忽视，无论是某天晚上在电影院里感受到的"身边的空虚"，还是他在《行动诗》中所说的纳粹主义的恐怖，这些恐怖"在一定程度上促使他提出了文化融合理论"。

事实上，桑戈尔的融合理论遵循了他更全面的种族和文化的互补性哲学。不过这一理论受到了一些非洲哲学家的批判，如马西安·托瓦、斯坦尼斯拉斯·阿多特维、帕泰·迪亚涅。

但桑戈尔的特殊之处恰在于此，尽管他能与所有人对话，但在意识形态上却不受任何人的影响。我们可以打赌，他终将把自己深信不疑的一个信念带入坟墓，即异族通婚是解决种族和民族对立的最佳办法，是实现"亲如兄弟的人民的平等"的最佳道路。

达喀尔，1986 年

桑戈尔与节奏

诗人使一切有节奏的事物变得透明。

桑戈尔对其诗歌的节奏研究得最多。我们知道他曾多次就此阐述自己的思想：节奏是"黑人精神"的标志，具有特有的单调特点。诗歌的节奏类似于非洲鼓的节奏，又很像传统的歌唱（歌唱在沃洛夫语中称 woïen，在谢列尔语中称 Kim）……因此，为了更准确地说明二拍节奏，桑戈尔举了一首沃洛夫歌曲的例子：Yagana/Yagana/Yagana/Degele。歌曲以四个相等的部分复制了"亚历山大体"（十二音节诗），有时还会多出一拍。

然而，在桑戈尔的讲话中，人们却看不到他自己节奏的丰富多变，如果要在他的诗歌中寻找谢列尔歌曲或"单调的非洲鼓曲"，我们便会走入死胡同：不管是听还是读，诗人的诗句都不是规则的，它们会在 6+8、8+10、8+12、7+8、4+5、5+5、9+10 结构之间变化。只要细听便会发现这是一个非常灵活的节奏，含有他所说的"切分音"，诗句也更短，不断地打破单调与对称。但最重要的是，这种音节节奏在强度重音的影响下发生了变化，当桑戈尔读自己的诗时这一点就会显露出来。然而，这种重音经常出现在单词或诗句的开头部分，于是桑戈尔便重新运用非洲语言的诗学。的确，我们在"沃洛夫"史诗或"富拉尼"史诗中发现了这一现象，也许比在非常单调的普通诗歌中更为常见：大多数情况下，普通诗歌只有三到四个诗节，往复循环，反复吟唱，每十分钟增加或变换一个诗节。阿玛德·法耶（Amade Faye）收集的葬礼歌曲或萨利夫·迪奥内（Salif Dione）收集的启蒙圣歌便是如此。

因此，桑戈尔的诗不像歌曲，而是更像律诗，是非洲乐师用来高声歌唱史诗歌曲的诗歌形式。他在《行动诗》中说自己在高中时便开始按照法国传统的格律写作，在翻译非洲黑人诗人诗歌的过程中，他意识到非洲黑人的诗句在翻译成法文后就已然突破了亚历山大体："就是在那时，我毁掉了我所有的诗，我要从头开始，寻找一种新的诗句，而最终我在保罗·克洛代尔（Paul Claudel）、夏尔·佩吉（Charles Péguy）和圣约翰·珀斯的诗句中找到了。正因为如此，我只留下了自己 1935 年以后所写的诗。"我们同样可以在《诗歌》（*Poèmes*）中读到他对一首曼丁哥诗节奏的思考，从中我们还没有发现他的写作秘密。

所有这些都谈得过于简单，如果我们想要真正了解桑戈尔诗的韵律的构成要素，必须首先熟悉前面提到的勒妮·蒂洛（Renée Tillot）所做的认真而严谨的研究，她著有《桑戈尔诗歌中的节奏》（*Le rythme dans la poésie de L. S. Senghor*）一书。

勒妮·蒂洛不仅研究了桑戈尔诗句的起源，还阐明了他的诗歌与克洛代尔和圣约翰·珀斯的作品的区别——这两位诗人的作品常常被与桑戈尔的诗句相提并论。勒妮·蒂洛同时还关注节奏，节奏是通过重音强度、音节的抑扬顿挫和句法结构（回指、重复、平行、并置、问句、感叹、连续叙述风格等）表现出来的。勒妮·蒂洛继而研究作品中反复出现的意象的节奏和主旋律词的循环，最后她又对比了桑戈尔重新修改的一些诗歌的不同创作阶段。

显然，我们有必要解码桑戈尔受母语影响而使用的短语和习语，通过其中的重音可以从整体上看这一问题。如果桑戈尔确实能够同样纯熟地讲沃洛夫语和谢列尔语（或者按照他的批评者的看法，两种语言他都说得很差），这倒是可以给研究沃洛夫语或谢列尔语的语言学家提供一个研究课题。我们或许会发现，许多在法语中被认为具有文学性的元素或过程，其实仅仅是非洲口语的一部分，并非一种有意为之的文学效果。莫哈马杜·凯恩就特别强调这种区别，但很少引起西方批评家的注意，原因显而易见。

最后，还有一个对桑戈尔诗的节奏产生影响的因素没有被研究过，即行吟诗人的影响。因此，贝尔纳·德·旺塔杜尔（Bernard de Ventadour）才会偏爱抒情的八音节诗，他以 7＋8 和 9＋8 的节奏演奏。请看 9＋8 的节奏，如："*Que s'oblida eis layssa cazer/Per la doussor qu'al cor il vai*"（"让她把自己忘记，让自己消失，因为心中的温柔来到她身边"）。

克雷蒂安·德·特鲁亚（Chrétien de Troyes）也采用了这一手法："没有人会被分割：有心的人，就让他拥有身体。"此外，里戈·德·巴伯齐厄（Rigaut de Barbézieux）和吉罗·德·伯美尔（Guiraud de Bomeil）经常使用"康颂诗"的十音节结构，这与《罗兰之歌》（*Chanson de Roland*）一类的史诗十音节不同，因为这是没有顿挫的十音节。"愿我死在一个被忘记的词那里，夫人啊，您的芳名如此显赫。"这是一个相当有规律的节奏，贯穿整首诗，但不像 17 世纪的古典诗句那般机械。

桑戈尔对行吟诗人有着深入研究，正如他回忆的那样："从行吟诗人到保罗·克洛代尔，他们的书我读了很多。"此外，他的爱情想象也有一部分源自宫廷诗歌。最后，他把自己的诗看作是一颗宝石（这里他自比非洲工匠），或者看作一种灵感，与"trobar"（寻找）一词的意思非常相似，而行吟诗人（troubatour）的称呼正因此而得名。

在进行了这一系列必要的研究之后，我们可以回头再看桑戈尔对沃洛夫－谢列尔节奏的认识，这种节奏总是被他自己与一般的非洲节奏混为一谈。

然而，尽管非洲鼓在非洲到处都有，但尼日利亚鼓的节奏不同于刚果鼓的节奏，而刚果鼓的节奏又与塞内加尔鼓的节奏几乎没有相同之处，甚至同在塞内加尔，卡萨芒斯的迪奥拉（Diola de Casamance）鼓的节奏也与沃洛夫鼓的节奏明显不同。这方面最好的例证就是方人（Fang）或巴鲁巴人（Baluba），如果他们伴着歌手尤索·恩多尔（Youssou Ndour）的音乐跳舞就会遇到很大麻烦，尤索·恩多尔放弃了非裔古巴人的流行舞蹈音乐，而重新使用的沃洛夫流行舞蹈的抑扬顿挫。因此，当我们探究桑戈尔诗歌的非洲节奏时，必须不断地提醒自己：他的诗中蕴含的乃是西内－萨鲁姆（Sine Saloum）地区谢列尔人的节奏。

达喀尔，1986 年

塞内加尔的桑戈尔研究：
一段被误解的故事

为什么要在塞内加尔研究桑戈尔？

难道因为他是黑非洲第一位讲法语的诗人吗？难道因为他是最优秀的诗人吗？难道因为他最为有名吗？难道因为他是"黑人精神"运动的创始人吗？难道因为他是塞内加尔总统吗？难道因为他是第一个跻身法兰西学院的黑人吗？

是的，或许有很多很好的理由都与桑戈尔的人格、对他的作品的宣传，以及他无可争议的政治和文化角色有关。当然，世间总是不乏阿谀之士，在几个大洲都有学者在撰写博学的论文，在编织一张大网，希望用这张紧紧的网收罗桑戈尔一生的诗歌。

但我为什么要谈论桑戈尔？为什么要向大学生谈起他？为什么向非洲内陆地区的大学生谈起他？

我在塞内加尔生活了25年，我觉得有必要澄清一个误解，这是我在达喀尔大学任教期间经常看到的，或者这一误解也存在于别的什么地方。很多时候，听非洲人谈起桑戈尔，尤其是年轻人，我觉得他们并不理解桑戈尔，对他们而言，桑戈尔还是一个陌生人。有人说他太西方化、太法国化。比较而言，他们更喜欢塞泽尔。实话说，他们对塞泽尔的了解也不会更多，但由于塞泽尔旗帜鲜明地表示反对白人，所以人们认为他更为可亲，更值得信任。人们这些粗略的、本能的反应，到底基于什么呢？

塞泽尔当然是一位伟大的诗人。然而，我们喜欢他不是因为他的诗歌，而是因为他更加激进的话语，因为他的反抗精神，因为他的基本态度。因为他对黑人怀有善意，所以大家便接受了他那过于晦涩、过于超现实、过于抽象、过于封闭的诗歌。这是事实。

而桑戈尔则不同，他备受怀疑：他的妻子是法国人，他喜欢拉丁语并以此向人炫耀，他的厨师是法国阿尔萨斯人，他弹钢琴（古典音乐），他研究语法，他不用手抓饭吃。

可是塞泽尔也不用手抓饭吃，阿卜杜·迪乌夫（Abdou Diouf）不会，韦德（Wade）也不会，他们也都熟悉并喜爱拉丁语，甚至还会希腊语。但事情就是这样，人们说这不是一回事，桑戈尔就是值得怀疑的人。

总有一天，我们真的需要确定"黑人精神"的标准，以定义怎样才算是一个好黑人，怎样算是一个真正的非洲人。我们有许许多多的知识分子：帕泰·迪亚涅、阿利·迪安（Aly Dieng）、杜·西内（Doud Sine）、C. H. 凯恩（C. H. Kane）、乌通吉（Hountondji）、托瓦（Towa）、梅隆（Melone）、贝兰加（Belinga）、米丹布（Mudimbe）、洛普（Lopes）、奥本加（Obenga）、塔蒂（Tati），乃至谢赫·安塔·迪奥普，他们不是都在欧洲接受过教育吗？他们不是也学习过拉丁语和希腊语吗？难道他们不是被笛卡尔的理性主义打上了烙印，有时比桑戈尔受影响还要深？难道他们不是像桑戈尔那样用法语写作吗？难道他们不是像桑戈尔那样结识了很多法国朋友，而且常常是法国女性朋友或外国女性朋友？

显然，这些人并不是都写过"愿上帝宽恕法国"，也不都主张丹巴（Demba）和杜邦（Dupont）实现和解。

"不可饶恕的罪过，总统，那是你不可饶恕的罪过！"这首写给塞内加尔步枪兵的诗创作于 1940 年 4 月。

因为你只有曾经身处战争、面对希特勒的德国，才能理解非洲人和法国人在战场上或在德国战俘营的这种突然的团结。只有经历过这次奇异的冒险的士兵能理解你：你怎么能理解那些从未碰过机关枪的人呢？这种宽恕似乎代表了懦弱，这种结合似乎就是放弃，这种对和平的祈祷似乎意味着背叛。这难道不是真的吗？我认为很多误会皆源于此。

正因为如此，桑戈尔虽然开创了"黑人精神"，却被那些黑人的孩子们分类、审判和谴责，他们拒绝承认桑戈尔。

他绝对成了可疑的人。

在二十年的时间里，他一直在玩这种吸引人的游戏，他竭尽全力使人们相信他的善意、他的诚意、他的美好非洲精神，相信他要建立一个强大的和独立的国家的真诚愿望……

桑戈尔希望塞内加尔成为一个民主的国家，但在二十年的时间里，他在塞内加尔却受到众人怀疑，遭到公开批评。

他受到了猛烈攻击，人们抨击"黑人精神"，说它已经成为"新殖民主义的意识形态"，抨击他企图通过政治恢复文化，抨击他对于西方的依附，批评他对非洲文化的（隐藏的）蔑视。

然而，桑戈尔在 1970 年所说的话并不比 1960 年少，在 1980 年所说的话也不比 1970 年多。

之后，阿卜杜"大帝"（Abdou Diouf）登上了舞台。他是真正的塞内加尔人，穆斯林，他吃塞内加尔饭，喝塞内加尔奶粥，穿塞内加尔长袍，他说得一口流利的沃洛夫语。人们惊讶地发现，对西方的依附与经济疲软密切相关，而经济疲软会随着通货膨胀和干旱而加剧，我们不仅需要法国的帮助，还需要美国的帮助，世界银行决定着塞内加尔棉花和油的价格。

所以即便抛弃了语法和钢琴，事情也一样会很糟糕。人们开始猜测，也许正如被称为克利斯托弗的塞泽尔所说，"历史有时只给出可以选择的一条路"，一位总统的政治选择并不取决于他对母语的掌握程度。

人们也开始意识到，尽管塞内加尔的年收入很低，而且没有石油和矿产，却在世界范围内享有威望，在非洲国家中发挥着完全无法解释的领导作用，唯一的解释是前总统的光辉形象，同时新任总统也知道如何机智地加以利用。塞内加尔仍然是"非洲文化之都"，尽管国内发生过严重的危机，但国际会议、专题讨论会、大会和研讨会在这里每周举行两至三次。真是令人头晕目眩的节奏！简直是一架会议旋转木马！风儿吹过达喀尔，桑戈尔把它变成了四大洲的十字路口。

塞内加尔人因此在去到非洲其他国家时总会有一种闭塞的感觉。塞内加尔还是图书之都，NEA 出版社出版来自非洲各地的小说、散文和诗歌。塞内加尔有一所现代绘画学校，在世界各地都举办过巡回展，受到业内人士的钦佩。十年来，国际造型艺术双年展一直在达喀尔举行。塞内加尔拥有唯一一家挂毯厂，生产的精美挂毯销往欧洲和美国。桑戈尔还创建了美丽的索拉诺（Sorano）剧院和一所国际新闻学院。

今天的塞内加尔文化欣欣向荣，每月都会上演非洲语言的戏剧，人们可以欣赏到邻国或当地学校组织的文化周、画展、音乐团体的演出、服装时尚表演。还有在露天的民间雕塑家，他们坐在高处，向路人兜售富有表现力的石头肖像，就像鱼贩卖鱼一样！这些文化活动长年不断，而且没有诸如贷款之类的特别的外来激励。文化就像一台运行中的机器，没有人想踩刹车，因为在这个国家，只要你有勇气有资源，你就可以尽情说唱、书写、表达。

总之，塞内加尔的文化比以往任何时候都更加生机勃勃。人们可以看到，桑戈尔的行动是深刻而持久的，他对自己文化的热爱虽然经常受到嘲笑，被认为是徒劳的，甚至是不合理的，但却已经结出了累累硕果。愿他的影响和他的思想能够超越他的职务和他个人。

无论我们是否能够看到桑戈尔，他都在那里，他存在于这黑人创造力的概念之中，存在于这种对多学科美学表达的渴望中，存在于这种赋予知识创作者（教师、作家、艺术家）崇高尊严的地位中，虽然他像诗人兰波（Arthur Rimbaud）一样挥金如土。

如今在非洲，人们往往根据一个人的钱包来判断他是否有优点，而不是根据他受到的教育或他的正直品质。而桑戈尔倡导的精神难道不正是我们对抗普遍存在的唯物至上的唯一力量吗？

桑戈尔最终长存于诗歌之中，出现在高中课程。而其他人的诗也都受到了他的记忆、他的主题、他的诗歌形式的影响。桑戈尔开创了一个学派，有哪位诗人能够忽视他呢？即使他想要离开，或者试图离开……

人们对他充满迷恋，他的诗成为许多年轻人练习写作的榜样。他打动了如此多的学童，在所有课程中，孩子们有时只会记住桑戈尔的《黑人妇女》（*Femme noire*），以及比拉戈·迪奥普的《死者并没有死》（*Morts ne sont pas morts*）。

这就是为什么我们今天和明天都要研究桑戈尔的原因。因为他想要"通过发展来促进文化"，他的计划涉及整个非洲大陆。

最后一个原因，因为他的诗歌是一杯烈酒，我们愿意与地球上的所有人一同品尝。

为什么要在法国研究桑戈尔？

1987年，茹阿穆尼（Jouamny）教授将桑戈尔作品列入文学教师资格考试课程，这不失为一个好主意！十年后，他的诗集《埃塞俄比亚人诗选》（*Ethiopiques*）被列入中学毕业会考课程。哦，真是太好了！

但我们强烈建议学生不要只是学习这部诗集，而是应先研究他之前的作品。事实上，要理解桑戈尔，最好先读一读《幽灵之歌》和《黑色的祭品》。他早期创作的诗更加简单，更加易懂，可以让我们走近曾经的桑戈尔，走近当年那个孩童、学生、应征入伍的新兵、学生面前的年轻教师。

> 我的羊羔们啊，你们是我的挚爱
> 我并不总是你们书中那干旱平原上的金发碧眼的牧师
> 也不总是一个好官员，只会向上司报告
> 我是彬彬有礼的好同事，着装优雅
> 可手套哪里去了？
> 他总是微笑，却很少开怀大笑……
> 古老的法国，古老的大学，所有的念珠都已摊开
> 我的羊羔们啊，我的童年如世界一般古老
> 而我像世界的黎明一样年轻

神社的女诗人哺育了我

国王的乐师弹起科拉琴

为我唱起我们民族的真实传说

透过这几行诗，桑戈尔的整个形象便跃然纸上。他在图尔中学教学生们拉丁语，他学习并尊重（通过微笑）同事们的习俗，法国偏远的外省，法国的大学以及大学的浮华，这一切他都熟悉，他知道其中的密码。

但他没有忘记自己是谁，也没有忘记自己来自何方。在这个所谓的古老世界，人们仍然在按照神和天才的意志生活着；在这个封建的世界，行吟诗人还在为国王唱着颂歌，然而现在已经来到了1939年，这是殖民时期，是战争的前夜。总之，这恰恰体现了思想上的巨大反差。然而桑戈尔却能够平衡两端：他热爱伟大的西方文化，同时对自己的非洲出身无限忠诚。

看来，同化别人就可以，被人同化就不行。

桑戈尔告诉我们：我了解你们，我喜爱你们，但我不一样。因此，请尊重我。话虽如此，我们可以一起走得更远……

通过阅读上面他的两本诗集，我们能够发现他在塞内加尔和乡村的童年时代：大家庭（他有25个兄弟姐妹！）的喧闹气氛，星光照耀的夜晚，沙地景观，古代王国的历史故事。这一切混合着巴黎冬天的寒冷与孤寂、艰苦的学习、书本的默默陪伴、街头或电影中的种族主义，以及忘恩负义的法国给他内心带来的痛苦：在一场与非洲人无关的1940年的战争中，成千上万的非洲战士为了保卫法国抗击德国而牺牲，但是法国对此选择了遗忘。

正是通过这些"黑色的祭品"的牺牲，桑戈尔才真正意识到他在非洲解放进程中的责任，然后他进入政坛，于1945年加入了工人国际法国支部（Section Française de l'Internationale Ouvrière，

SFIO)、与象牙海岸的乌弗埃·博瓦尼（Houphouët Boigny）、马里的莫迪博·凯塔、几内亚的塞库·图雷、达荷美的阿皮蒂、多哥的奥林匹奥（Olympio）、塞内加尔的拉明·盖伊等法国国民议会的黑人议员一起反对殖民统治。

1956 年，也就是创作《埃塞俄比亚人诗选》的那一年，桑戈尔第四次连任议员。他创建了自己的政党塞内加尔民主集团（le Bloc Démocratique Sénégalais），他还当选为捷斯（Thies）市市长。他一边参加竞选活动，一边进行法兰西联邦国家实行的自我管理。他非常认真地为成为塞内加尔总统做着准备。

他自己还完成了整个大学教育工作：他是第一位获得法语中高级教师文凭的非洲人，曾在几所法国高中任教，后来又在东方语言学院和殖民地行政管理学校任教，并在 Seuil 出版社和《南方杂志》（*Les Cahiers du Sud*）、《思想》（*Esprit*）等杂志上发表诗歌，他还经常受邀去做讲座。他已经是一个有着权威的自信而成熟的男人。此时他正好 50 岁。

《埃塞俄比亚人诗选》就是他成熟的表现，他能够自如地使用着各种手段。他的诗句变得更加自由，他笔下的隐喻有时会变成难懂的谜语。

或许他已然丢掉了他早期诗歌的笨拙，但同时也失去了清澈与率真。自此，他说话时就会带上与他的职务相符的几分夸张。他现在自称是"自己人民的大使"。

因此，他的一些诗歌富有政治性，如《卡亚－马甘》（*Kaya-Magan*）、《泰顿加尔》（*Teddungal*）、《使命》（*Messages*）、《查卡》，如果脱离独立前的这一殖民背景和选举背景，这些诗是无法理解的。

在这些诗中，我们已经感觉到帝国的终结和被殖民者的迫不及待，他们正在重新站起来，重获自己的尊严。我们也能感受到这位领导人的骄傲，他所代表的声音，他所体现的希望，他将要做出的决定，他正在承担的国家命运：

> 你是一个有着天赋和坚实肩背的人，
> 你背负着所有黑皮肤的人民

《查卡》中的这首长篇对话诗在这一点上堪称典范，它完美地表现了甜蜜的生活（女人、爱情、诗歌）和苦行僧般的政治生涯之间的两难选择。

必须杀死敏感的诗人才能完成战士的任务。只有在诗人死亡的那一刻，在完全完成自我牺牲之后，温柔和爱才能再次表达出来。这种对于政治的看法——无疑是非常理想主义的看法，桑戈尔在其他诗歌中经常提到，确切地说是在《受割礼者的哀歌》（*Elégie des circoncis*）、《水的哀歌》（*Elégie des eaux*）和《阿依纳瀑布的哀歌》（*Ayina Fall*）中。

但诗集《埃塞俄比亚人诗选》的第一首诗就已经是一个很长的隐喻：比喻中的这场人与兽的野蛮战斗，体现了他内心的享乐主义和斯多葛主义倾向之间的斗争，以及他与政治对手和帝国主义当局的激烈斗争。然而，在《埃塞俄比亚人诗选》中占主导地位的政治视角并没有取代其他主题，而这些主题正是这位塞内加尔作家的创作沃土和缪斯灵感的源泉。

首先是爱，这一主题在《致公主的信》（*Epîtres à la princesse*）中成为主旋律——这些书信是献给后来成为他妻子的那个女人的。但在他的许多其他诗中，我们又发现了一个令人着迷的女性形象，我们永远无从知晓她是白人还是黑人，是母亲、情人还是姐妹。这一形象有时表现为一条宽阔而驯服的河流，如在《刚果》（*Congo*）中；或者表现为一个将被奉献神坛的温柔的牺牲品，如在《查卡》

中；或者表现为一只空中的蜻蜓或是"慢慢转过巴凯尔山坡的"一个舞者，如在《泰顿加尔》中；或者表现为一位显赫人物的女儿，一位谈吐优雅的处子，如在《使命》中；或者表现为纽约的几位"长腿金发女郎"；或者表现形象更加神秘、被他称为"我的妹妹"的"长着爬行动物的脚"的图腾女人……事实上，在桑戈尔的诗歌中，女性的变身数不胜数，诗人为了描绘女性而想象出各种形象，包括最性感的和最神秘的：

> 情人，有着丰腴的大腿，有着平静的睡莲般长长的手臂
> 乌祖古的尤物女人，不会腐烂的油脂般的胴体，闪着钻石光泽的黑色皮肤
> 你是一位安静的女神，面带微笑，躺在你令人眩晕的血液上
>
> （《刚果》）

隐逸的女人、逃遁的女人、花朵般的女人、女神般的女人，所有这些都出现在了诗人的作品中。诗人也是颂诗写作高手，宫廷之爱的追随者。

同时，还有更加隐晦的主题：男性间的友谊，出现在《泰顿加尔》、《使命》、《黑色的祭品》、《乔治·蓬皮杜的哀歌》（*Elégie pour Georges Pompidou*）、《让－玛丽的哀歌》（*Elégie pour Jean-Marie*）和《艾梅·塞泽尔的哀歌》（*Elégie pour Aimé Césaire*）之中。

对祖国的热爱显然在桑戈尔的诗中无处不在，但在他的诗中，谢列尔人（Sérère）的土地扩大到了整个塞内加尔，诗人的旅程遍及各个地方，从沃洛夫人（wolof）的瓦洛（Walo）到富拉尼人（peul）的富塔（Fouta），从与马里接壤的卡松凯（Kassonké）到政府所在地佛得角半岛（Cap-Vert）。

然而，正如我们所看到的，桑戈尔只是屈服于一种非常自然的倾向：他总是而且越来越多地将"回归本源"的需要与"普遍"的相遇联系在一起。他憎恶所有的边界，不断地否定边界，包括种族的边界和地理的边界。作为谢列尔人和非洲人，他声称自己来自法国和诺曼底，他声称自己具有葡萄牙血统，他还想成为法老埃及的继承人。

同样，这个农民，这个地球人，总是准备乘坐飞机离开。他的诗歌带我们穿越整个非洲，一直到达巴西和美国。

在同一首诗中，法国和塞内加尔之间的来回穿梭有时会打破稳定，让读者感到迷茫！

这种思想国里的旅行和自己身在别处的想象，无疑是受到了他的职业的影响。但是，桑戈尔没有抱怨，而是将这当作一个特殊的跳板，让他的灵感在上面翩翩起舞：

> 西内的年轻女孩，伴着你金色的歌喉，歌唱着我的胆怯
> 我还记得行吟诗人兰扎
> 每当他唱起哈尔沃（Halvor）和迪娜（Dina）的爱情
> 我的心便陷入镜中

而这个镜子游戏，桑戈尔会无休止地玩下去，从一个世界转移到另一个世界，惊人的轻松和灵活，才刚刚提到吉特勒科尔（Gît-le-Cœur）街、巴黎的蒙苏利（Montsouris）公园和杜伊勒里宫，就在三行诗之后顺着大河"来到我母亲的土地，我的美索不达米亚，那里的盐是黑色的，血是黑色的，油是厚厚的"。

诗人无处不在吗？他渴望空间吗？拒绝边界，拒绝隔离吗？拒绝进行划分吗？

他有时会写出一些奇怪的句子：

如果不是像被龙卷风连根拔起的树和浮子的梦想一样生活在另一个地方，

我们怎能生活？

如果我们不在另一个地方，为什么还要活着？

这些令人惊讶的话语传达的是一套完整的哲学表达，一种不可抑制的参与、交流、融合的需求，与环境、人类、植物、场所、宇宙交融在一起。

同样，桑戈尔还写道："我总是把童年和伊甸园混为一谈，就像我把生与死混淆一样，是一座甜蜜的桥梁连接着它们。"

当他沉沉睡去，便到达了另一个世界：

在那里我呼吸我们死者的气味，

我聆听并重复他们鲜活的声音

这样，桑戈尔肯定了一个不会破裂的存在的概念：在生与死之间，在个人与群体之间，在人、动物、植物和矿物之间，在梦想和生活之间，在物质和精神之间，它们中间没有任何障碍。大家已经了解到万物有灵论的主要特征，这是非洲各种宗教所特有的相同的世界观，这远远超出了这位基督教知识分子所能做出的清晰的良心和意识形态选择。

然而，桑戈尔特别有意识地将他的人文主义建立在成为联络人的意愿基础上，他坚决反对一切形式的种族主义和排外思想，即使"科学和人性在'黑人精神'的边界上拉起了警戒线"。桑戈尔在殖民时期这样做出了回答：

我们聚集在这里，肤色各异，

> 衣着各异，风俗习惯各异，语言各异，
> 但在我们的眼睛深处，我们听到了同样的苦难旋律：
> 卡弗尔人，卡比尔人，索马里人，摩尔人，法恩人，芳人，莱班巴拉人；
> 流浪者，矿工，承包商，农民和工匠，
> 证券投机商，散兵，以及兄弟斗争中的所有白人工人，
> 这里有阿斯图里亚斯的矿工，利物浦的码头工人，
> 被赶出德国的犹太人，杜邦和杜普伊斯，
> 还有所有来自巴黎圣丹尼的人。

对一个黑人来说，在1936年写出并思考这些问题实属难能可贵。在这一信仰的飞跃上，他将建立自己的政治原则，并且不会背离。他的诗更把这种激情传递给他人，传递一种一致性、欢乐、和谐，而这些都是生活和时间的考验永远无法消磨的。

这就是为什么我们要研究桑戈尔的原因。因为他的诗是那样的美，因为这种和谐宛若一条清新的大河浇灌着他所有的作品。不管桑戈尔对你高声说话，还是轻声低语，他总是和你或某个什么人、什么东西在对话。这是一种人与人之间交流的诗歌。

在我们这个充满喧嚣与愤怒的疯狂世界里，这是一首真正的幸福诗歌，实属罕见！

桑戈尔与宗教:矛盾性与双重性

若要研究一位"黑人精神"思想的作家,便不能完全脱离他的意识形态,利奥波德·塞达尔·桑戈尔(Léopold Sédar Senghor)的作品中就强烈地浸透着他的形而上学思想。事实上,他一直自视为虔诚的天主教徒,然而,这种说法不常说起,故而很少引起注意:"黑人精神"作家们最常表现出的态度是反对基督教,他们直接将基督教等同于西方殖民主义。我们今天仍然能听到达马斯(Damas)、塞泽尔、保罗·尼日尔、大卫·迪奥普、蒙戈·贝蒂和奥约诺(Oyono)对于基督教的攻讦。

但是,当桑戈尔的同伴们对欧洲占领者的宗教进行真正的审判时,桑戈尔却并不羞于以福音的门徒自居。他一直保持着这种态度,直到老年。在不幸先后失去菲利普和盖伊两个爱子之后,桑戈尔经受住了打击,他坦言:"如果不是凭借着信仰,我是无法熬过来的。"他的态度与文学无关,尽管文学从宗教汲取了丰富的营养。对桑戈尔来说,宗教确实是一个孕育成果的灵感来源。

死亡和宗教是他的《哀歌诗集》(*Elégies*)中频繁出现的两个主题:致乔治·蓬皮杜的哀歌,致马丁·路德·金和菲利普的哀歌。他笔下的死亡没有反抗,而是伴随着祈祷。死亡开启了复活的应许,打开了教义的天堂之门:"乔治,天国是什么样子的?"

随着时间的推移,他对死亡的恐惧("啊,你的爪子在我腰间留下的烈火和痛苦"）似乎已经让位于虔诚的基督徒的希望。

顺便问一下，为什么说这是基督徒的希望呢？因为在非洲传统观念中"死人不死"，这也是来世思想，特别是在谢列尔地区：在去村庄的路上，人们经常会遇到手里提着包袱的死人。他们肯定很少或根本没有留在坟墓中。最勇敢的人变成了"穿山甲"，人们为他们奉上祭品（小米和凝乳），崇敬地纪念自己的守护精灵。或者他们重又复生：在谢列尔地区，一个孩子的出生就意味着一位祖先的重生。

桑戈尔记得小时候陪着舅舅瓦利（Waly）去过圣树林，在那里他们养着家族的蛇……科尔诺迪克（Kolnodick）附近有一处公墓，在旁边他父亲的田地里埋葬着家族的逝者。因此，可以肯定的是，他对死亡的看法属于两种思想体系，他的诗中有时包含的是这一种，有时是另一种。可以说，这种宗教情感的矛盾性在桑戈尔的诗歌中始终隐现。我认为这是一种情感，一种敏感性，而非宗教本身。

事实上，桑戈尔表现得像是一位纯粹的基督徒。他拒绝信奉家庭万物有灵论，不管是精神上还是形式上的信仰。他声称不举行任何仪式，也不佩戴任何护身符。但有人说他的家人代他"做了应该做的事"，也有人说他在马芒盖（Mamanguej）进行过沐浴仪式，这是若阿勒的大橡树附近的一片圣树林！桑戈尔承认，他在家庭祭坛上查看过水罐以预见政治竞选的结果。但他这样说也许是又再调侃……

然而，周围那些熟悉他的人注意到，他有时会在最后一刻改变日程安排，或者突然之间就在没有说得过去的理由的情况下取消一次计划已久的旅行。另一些人则看到他在塞内加尔从一个村庄到另一个村庄旅行时，会去当地的家族圣树林旁独自一人沉思。人们还谈了很多其他的事情，但在这里谈论一个人拒绝承认的仪式，不免令人尴尬。

可以肯定的是，由于桑戈尔生活在塞内加尔的环境中，所以总是要面对满嘴预言的巫师，以及佩戴着辟邪神水和护身符的家庭成员。受他们影响，想来他一定会在摒弃很多的同时接受一些，他大概会选择一些符合基督教的仪式。因此，当他说"贝宁的占卜者""人们看见灵魂的时候""当作祭品的一只没有斑点的鸡""蛇的庇护所"抑或"他的图腾"时，我们不知道这些东西的名称，也不清楚他指的是何物，我们永远不知道这些具体的东西是否与某个现实有关，是否是他的切身经历、回忆，或者一个文学主题……

事实上，桑戈尔说话时经常使用类比的手法！因此，《新入会者之歌》（*Chant de l'initié*）描写的是爱情的初次体验，《受割礼者的哀歌》（*Elégie des Circoncis*）诗中最后一部分则以非常隐晦的方式描写初次接受政治职位，这赋予整首诗一种特殊的意义。

他在卡姆-迪亚梅（Kam-Dyamé）泉旁做了什么祷告？此举是否仅仅是出于对祖先世界的尊重和恭敬，而却被视为完全的虔诚之心？我们必须了解潜在的地方宗教的这些内涵，因为桑戈尔是在有目的地利用着这些含义，进行非洲的和欧洲的两套不同解读。面对宗教和家庭二者的关系时，他对家庭的依恋更加具体，更加真实，虽然他经常将神圣灵魂与他种族的亲戚联系在一起。

相反，如果我们研究人类与基督教的关系，这似乎更加符合诗人桑戈尔的态度。我在上文说过他对死亡的看法，但是，使他能够坦然面对人生这最终结局的，是一个虔诚的基督徒的一生。尽管桑戈尔在1994年离了婚，但他从未改变过基督徒的生活：星期六晚上做弥撒，每三个月忏悔一次，在他家附近的诺曼底修道院与本笃会教徒经常交谈。而在塞内加尔，他也经常与科尔·穆萨（Keur Moussa）的本笃会教徒来往，并经常会见红衣主教蒂昂杜姆（Thiandoum），这位主教和他一样也是谢列尔人。此外，他还高兴地回顾说，他妻子的一个侄女玛德莱娜·马凯（Madeleine Marquet）是本笃会教徒，并在塞内加尔帮助建立了一座修道院。

尽管基督教有些过于注重形式，如上面提到的一些细节，但它依然古老而厚重。当然，桑戈尔曾经梦想成为一名牧师，直到高中他一直是神学院学生，然而事情出现了转折，他的计划被拉卢兹（Lalouse）神父阻止了，二人发生了冲突，神父认为他太过叛逆，并不适合宗教生活。

但桑戈尔仍然深情地记得几位神父，其中有来自诺曼底坦什布莱（Tinchebray）的迪布瓦（Dubois）神父，桑戈尔的父亲曾经将在若阿勒读书的他托付给这位神父；有圣神会修士勒杜瓦隆（Ledoiron）神父，他当时指挥唱诗班并教授拉丁语；有神学院的勒科克（Lecock）神父，他成为桑戈尔的精神导师；还有莱多隆（Ledoiron）神父，他更像是桑戈尔的一位榜样，不断鼓励他培养志向。

如果我们今天相信桑戈尔本人的话，他的志向似乎主要来自一种相当浪漫的氛围，桑戈尔把牧师的生活看作是知识界、研究学界和科学界的化身。他还被基督教文化的美所深深吸引：拉丁语、弥撒、复调歌曲、宗教仪式队伍、天空、天使……这是天堂的神话！他有两个信教的表姐妹，他还参加过三个年轻的混血女孩的对神许愿仪式，她们的名字他还记得。但是，他承认："对于我喜欢的女孩子，我只想着送给她念珠！"我们说，他对异性的欲望最初呈现出的是几分神秘，并在很长一段时间一直保持着，这也许能够部分地解释他对女人的这种理想化认识，甚至能够解释他对女人的宗教化认识。在他的身上，这种宗教即使不是永久的，也会反复出现，无论他心中深藏的人是谁。

然而，单凭这些有时幼稚的记忆并不足以衡量桑戈尔的基督教思想。要把握他思想的深度，必须回到他的诗中，这些诗经常变成祈祷，而他前进的路标就是主、基督、回头浪子……正是基督教使他能够对欧洲人说出那些宽恕的话，而其他"黑人精神"的积极分子则对欧洲提出激烈批评（《和平祈祷》，收在诗集《黑色的祭品》中）。在基督教的礼拜仪式上，桑戈尔经常会写到万圣节、圣母玛丽亚节、耶路撒冷封斋节、三钟经、"基督昨天晚上出生"。这些节日，这些歌曲，包括他仍然熟记于心的《圣体颂》（*Tantum ergo*），都与他本人完美地融合在一起，他从来不觉得陌生。可以说，桑戈尔的基督思想是真诚的，丝毫也不肤浅。他或许要与传统做出一定的调和，但没有什么是与教理不相容的，也没有什么是不可以与福音的精神相容的。

至于伊斯兰教，我们也必须承认，桑戈尔与穆里德兄弟会（Mourides）和蒂加纳兄弟会（Tidjanes）保持着非常好的关系，对此，今天的一些塞内加尔人仍然觉得是一个谜。要知道，他的母亲是穆斯林，他家的大部分成员都是穆斯林，他还与哈桑二世（Hassan II）和布尔吉巴等领导人建立了真正的友谊。因此，伊斯兰教并不妨碍他主政这个穆斯林人口占90%的国家，他的能力在其他各方面都能展现。

我不知道是否可以深入研究，把桑戈尔作为政治家执政二十年所表现出的这种仁慈用基督教的美德加以解释。除了少数情况外，他在任何时候都试图通过妥协来减少对抗。他常常强调："我没有敌人，而只有对手。"的确，他试图与攻击他的知识分子或政客进行对话。虽然有些人拒绝对话，坚持自己的立场，但有什么人因此而被"控制起来"吗？如果他不是国家元首，他做出的和解就不会引起任何疑问。但他偏偏是一位国家元首，因此人们永远不会知道他的政治策略中有多少是源自他那颗仁慈之心，而他正是出于善意才倾向和解。

在独立风潮四起的非洲，桑戈尔毫无争议地赢得了人文主义者的荣誉。在他的国家，没有暴政，没有屠杀，没有政治暗杀，没有酷刑或终身监禁。即使出现什么"失误",那也不是他的错,而且数量很少。塞内加尔是非洲法语国家中为数不多的实现多党和平共处的国家之一。萨特(Jean-Paul Sartre)断言,任何一位政治领袖都必定会有一双"肮脏的手",但是我们必须承认,桑戈尔在执政二十年的过程中,没有弄脏自己的手,他的双手既没有沾满鲜血,也没有被铜臭玷污。

为了更好地理解桑戈尔的诗及其内涵,必须结合他个人非常独特的双重宗教的影响,这始终是他的选择,他的航标。

达喀尔,1986 年

桑戈尔，女人，爱情

在第一代黑人诗人中，即激进的"黑人精神"诗人中，桑戈尔只是其中之一，但他却是为女性创作诗歌最多的。这些情诗将比其他的诗歌生命更长久，开辟了比种族争斗更为普遍的主题场域，因为种族争斗最终会在相互容忍中平息——我们希望如此。

桑戈尔歌唱黑人女人、白人女人和混血女人，他完全公平地歌颂每个女人的优点。他把女人们写得各个不同，但又不至于让人一眼便能分辨出彼此。不过，尽管诗人小心翼翼地为这位爱人遮上面纱，并使用博学的隐喻，我们还是可以（而且经常）辨认出有着迷离眼睛的诺曼底姑娘科莱特、维京人后代的贝尔堡公主，或者正当青春的优雅的谢列尔姑娘（或是富拉尼姑娘），系着缠腰布、梳着发辫、手持臼杵的阿方（Arfang）姑娘和西加（Siga）姑娘，或者有着烤面包肤色的混血姑娘，最后还有黑人姑娘，她是所有非洲学生都熟记于心的《裸体的女人，黑色的女人》（Femme nue, femme noire）一诗的灵感来源。

在描写女性时，桑戈尔总是能使用无尽变化的语气，塑造出丰富的形象，有最甜蜜的也有最狂野的，有最贪婪的也有最安详的。重读献给阿利乌内·迪奥普的《新入教者之歌》就会发现，诗的主题既不是阿利乌内，也不是新入教者，而是一个女人的热情或痛苦的发现……请大家再去欣赏《夜曲》（Nocturnes）中表现男性追逐逃跑猎物的那些狩猎歌曲，再请重读《冬天的信》（Lettres d'hivernage），这是一曲表现彼此相爱的色调恬静的歌，包含了所有的微笑、宽容和怀旧。

《夜曲》、《信号之歌》（Chants pour Signare）和《冬天的信》的合集都是献给女人的，包含了大量诗歌。而如果再加上散落在《埃塞俄比亚人诗选》和《幽灵之歌》中的诗歌，可以看到桑戈尔的诗歌作品有一半是关于爱情的。

爱情是一个重要的主题，从一开始便存在于桑戈尔的诗中，占据主导地位。然而他的散文则不同，尽管侃侃而谈，却几乎从不涉及爱情，在《自由》（Liberté）的五卷中，在《行动的诗歌》（La poésie de l'action）中，以及他的众多论述中，他会没完没了地谈论政治、道德、哲学、人类学、语言学、绘画、写作。只有诗能够传达他的情感。他只用鲜花来对女人说话，也用鲜花来谈论女人。

至于桑戈尔对爱情的看法，可以用"骑士爱情"这个在12世纪的法国就已出现的词来形容。我们不要感到惊讶，也不要对西方的影响大喊大叫。首先，在西方现在已经没有人再相信这种男女关系中的"骑士爱情"！人们现在相信的"伙伴"之爱、伴侣之爱，充其量是爱侣之爱，这是一个无差别的平等的时代。由此看，桑戈尔的观念落后了时代足有四百年！

你会问，那么桑戈尔的爱情观源于哪里？是来自昔日的行吟诗人？还是来自龙萨（Ronsard）和莫里斯·塞夫（Maurice Scève）？当然，他读过这两位诗人的作品并为之倾心，这一点我们稍后再谈。但也可能是因为他的爱情观与塞内加尔社会一个非常特殊的现实相适应并予以回应。

让我们来具体说明。桑戈尔出身于三种非洲文化的交汇：沃洛夫文化、谢列尔文化和富拉尼文化。三种文化具有封建性、等级制度的共同特点，贵族妇女享有特权地位，她们不仅被视为家庭生产的资产，而且被视为拥有权利、权力和财产的人。她们是有权势的家族之间结盟的保证，或者是同一家族血统纯洁的保证。她们往往如同丈夫的姐妹一般，因为首选的婚姻是与表姐妹、堂姐妹的联姻。

最后，虽然无论婚前还是婚后，妻子都要服从父母，但她在丈夫面前还是非常自由的，可以很容易地离婚，实际上她们从来没有完全"被驯服"。谢列尔妇女比沃洛夫妇女更为自由，富拉尼妇女则比谢列尔族妇女要更加自由。而桑戈尔是谢列尔和富拉尼人混血儿。有一个女人原是出身于西内的谢列尔王国，名叫西拉·巴德拉尔，桑戈尔为她写下了一首诗，并且多次委婉地提到过她。

在这个国家，妇女长期以来始终对于下层种姓和仆人具有统治地位，她们今天仍然拥有巨大的影响力和自由，这种自由所受的唯一限制只是来自对于"外人会怎么看"这样的顾虑。因此，桑戈尔在他的诗中使用与传统富拉尼诗相似的用词或者谢列尔人的曲调来和女性说话，这也就不足为奇了。按照传统，歌唱兄弟时可以使用他姐妹的名字。桑戈尔用那种温柔的充满敬意的口气来减弱情欲色彩，这是很正常的，他称所爱的人为"我的妹妹""我的公主"或"我高贵的女人"这同样也是非常正常的。

而当他使用"我的夫人"这一称呼时，指的是法国中世纪骑士口中的"夫人"，是被理想化的、不可企及的女性。

桑戈尔几乎总是把女性理想化，因此所有这些具体的女人有时都融合为一个完美的女人，成为一种女性气质的缩影。他在解释自己这种抽象或概括的手法时说："我是在随意编造。"的确，伊莎贝尔（Isabelle）、苏凯娜、索佩（Sopé）、索扬（Soyan）、诺利维（Nolivé），若要探寻这些美丽的名字背后隐藏的究竟是谁，恐怕只会徒劳无功。诗人有时在一首诗中歌唱两三位女子，有时又会把一个陌生人的身姿或眼神与一位具体的女性嫁接在一起。人们怎么可能知道她们是谁？可是，知道是谁有那么重要吗？重要的不是所指的是这个女人还是那个女人，而是诗人与女性的关系，他所感知的女人或想象的女人。例如，有谁能在瓦尔基里（Walkyrie）类型的迷人战士中认出善良而通情达理的科莱特（Colette），或者在诗人凭着灵感塑造的《查卡》中甜美的诺丽芙（Nolivé）身上认出科莱特？同样，埃布埃总督（Eboué）的女儿似乎只是与《夜曲》中甜美的索裴（Sopé）有着隐隐的相似之处。女人是诗的灵感载体，而不是诗的主题，她对诗人来说是一个神话，必须要被作为神话来理解，无论是在《士巴女王》（la Reine de Saba）还是在《缺席的女人》（Absente）中。

我们不必去寻找具体肖像，而是应该去欣赏桑戈尔捕捉永恒女性多样细微差别的惊人能力。据我所知，没有第二个诗人能做到这一点。也许龙萨可以吧，但桑戈尔的话语比龙萨更加真诚；或许波德莱尔可以，但桑戈尔的情感比波德莱尔要更加鲜活；抑或是艾吕雅、阿拉贡（Aragon）也可以，但桑戈尔的歌曲比他们更加深沉。白人女人，黑人女人，任何还依然女性化的女人都会在读罢他为索佩所写的诗后为之叹惋。

为了澄清我对于桑戈尔诗歌中的"骑士爱情"的提法，我带着好奇翻阅了前面探讨其诗歌节奏时提到的《行吟诗人选集》（Anthologie des troubadours），从中收集到了一些非常能说明问题的诗句，如：

> 我喜欢最漂亮的女人，最好的女人！我的心在叹息，我的眼睛在哭泣！我爱她如此之深，我因之痛苦无比。

又如：

我的心被爱俘获
我的思想在那里狂奔
但我的身体在别处
在距她遥远的法国

又比如：

我整晚都在床上辗转反侧
我比情种特里斯坦（Tristan）更痛苦不堪

因此，其他一众诗人也都保持了桑戈尔所特有的一种敏感，为这位贵妇人吟唱情感，他们中有纪尧姆·达基坦（Guillaume d'Aquitaine）、阿尔诺·达尼埃尔（Arnaud Daniel）、贝尔纳·德·旺塔杜尔、雷蒙·若尔丹（Raimon Jordan）和兰博·道朗热（Raimbaut d'Orange）。

米歇尔·奥塞（Michel Hausser）指出："桑戈尔浪漫的抒情诗的基础是（……）爱的表白，像山羊佳丽一样歌唱她美丽的姑娘。"但他更多的灵感来自曼丁哥（mandingue）或沃洛夫乐师，他们歌唱的是"美人的家谱"，而表白爱意更多的则是文艺复兴时期的行吟诗人和诗人。这种情诗类型叫作"颂诗"，桑戈尔经常采用这一诗体。

最后，当我们考察骑士爱情诗的写作过程时，可以看到一些固定的步骤：首先描写季节，最常见的是春天、花儿、鸟儿的歌声；然后骑士遇见某位女士，她的爱、她的心、她的凝视；之后描写骑士内心的情感：爱、欲望、效忠女士的苦与乐、控制、对怜悯的谅解、对邪恶敌人的提防；最后，履行保密义务。这样就构成了一个完整的主题写作模式，桑戈尔在很大程度上借鉴了它，同时对其加以改编，为自己所用（他从不复制）。

因此，在《幽灵之歌》《黑色的祭品》《埃塞俄比亚人诗选》中经常出现春天的场景，不过在《冬天的信》转而描写傍晚和秋天。他的诗中，鲜花出现次数比鸟儿要多。在任何地方，女人都是一道风景，用多种隐喻来加以描绘。

桑戈尔的描写并不局限于凝视（声音、额头、眼睑和睫毛、脸颊、香水、微笑），诗人还聚焦眼睛，通过描绘眼睛把对"贵妇人"的爱转化成对情人的爱："你的眼睛的雨水落在稀树草原上的干渴上"，"后悔你眼睛的落日"，"我的眼睛在你海外的眼睛里"，"当我回忆的时候，她那双大眼睛变得模糊"，"靠近我的心，你的眼睛奇怪地凝视不动"，"你眼中暗礁的可怕歌声"，"（我）将在你眼睛的高处凝视永恒的事物"，"翠鸟俯冲在她的眼睛里"。

当然，桑戈尔也写到了身体，特别是乳房（在非洲农村，乳房是一种审美元素，而不是色情元素）、手臂、腿，这些是行吟诗人笔下不常写的。桑戈尔更多地参考了《歌中之歌》（*Cantique des Cantiques*），甚至是阿拉伯诗歌。然而，即使在情欲最热烈之时，他仍然保持矜持、克制、腼腆、害羞。这是因为，正如他那骑士般的爱一样，肉欲永远不能超越他所说的"纯洁的激情"。他的爱，他的帝国总是，而且首先是一个精神的王国，女人不是令人堕落的机会，而是超越自我的要求。

这既不是犹太教—基督教的概念，也不是非洲的概念，而是骑士之爱的概念。

> 我知道，我所说的一切都是从你那里来的
> 我所做的一切都是好的

又如：

我每天都在改进自己
我服务和崇拜的最好的东西

继德尼·德·鲁热蒙（Denis de Rougemont）之后，贝特朗·达斯托尔（Bertrand d'Astorg）展示了行吟诗人对现代作家的影响。因此，歌德写道："女性的永恒吸引着我们向上。"

桑戈尔采用的另一个行吟诗人主题是分离与随之而来的苦难。缺席的女人在他的诗中变成了一个令人痴迷的形象，由于情人的旅行而造成的身体上的缺席，也由于这位女士无法接近而造成道德上的缺席，类似描写在《夜曲》中经常出现。缺席的模式各种各样：带着一定会回来的承诺的缺席，以相互的爱来满足的缺席，沉默而不安的缺席，缺席一个在场却拒绝自己的人的精神缺席，死亡的静止缺席，等等。

最后，桑戈尔诗歌中的爱情还有另一个特点——但这不是最不重要的特点，即保守秘密。骑士诗人有义务不透露他爱着的妇女的名字，他力戒闲言碎语，从不向人吹嘘对于女人的征服。桑戈尔也是，他十分谨慎，他从爱人那里获得了"她的王子仆人，或她的假太监"的荣誉：他隐藏她的身份，给她起了假名字，把她隐藏在一个完全抽象的形象背后，"因为她是存在的，那位诗歌女孩。对她的追求是我的激情（……）！那个隐秘的女孩低垂着双睛，听着她的睫毛和长指甲长出来"。在这方面，桑戈尔使用了真正的玄秘诗歌："我们的代码是无法破译的。"

在结束对桑戈尔爱情诗中骑士风范特点的简要概述前，我认为同样有必要研究10世纪的阿拉伯诗人，如伊本·阿比·戴格汉姆（Ibn Abî Daygham）。贝特朗·达斯托尔注意到了他的诗歌与法国行吟诗人诗歌的相似之处，正如路易·马西尼翁（Louis Massignon）翻译的这首诗：

> 那个夜晚，我们两个躲在帐篷后面
> 静静地躺在一起
> 而阴影和露水正在落下
>
> 在散发着芬芳的也门斗篷下
> 当我们的心开始跳动时
> 青春的狂热驱散了我们对上帝的思念
> 我们归来时，带着贞洁的克制
> 几乎无法平息我们唇间对灵魂的渴求

这首诗不是与桑戈尔的《夜曲》有着异曲同工之妙吗？

达喀尔，1986 年

利奥波德·塞达尔·桑戈尔：
非洲黑人文学的辩护与证明

在我看来，不可能在同一次会议上讨论有着诗人、赞助人和文学评论家多重身份的桑戈尔。由于我们已经在其他地方广泛地讨论过作为诗人的他，在此就简单谈一下他在促进非洲文学发展和帮助作家方面所发挥的决定性作用。

桑戈尔：非洲文学的推动者

桑戈尔凭借一个辉煌之举开启了自己文学推动者的篇章：1948年他出版了《黑人和马达加斯加新诗歌选集》（*Anthologie de la Nouvelle poésie nègre et malgache*），萨特为其撰写了著名的序言"黑色的俄耳甫斯"（*Orphée Noir*），诗集介绍了"黑人精神"诗人群体。

不过桑戈尔是在成为塞内加尔总统后才真正作为非洲文学赞助人发挥了自己的作用。

他首先创造了一个有利的环境，建立了相关机构，采取了一系列措施，以促进文学和作家的发展。

首先在戏剧艺术方面，他建造了美丽的达尼埃尔·索拉诺剧院

（Daniel Sorano），把大批剧作搬上了舞台：艾梅·塞泽尔的《克利斯朵夫国王的悲剧》（*Tragédie du Roi Christophe*），沃莱·索因卡（Wole Soyinka）的《孔吉的收获》（*Kongi's harvest*），谢赫·恩道的《阿尔布里的流放》（*L'exil d'Alboury*），比拉戈·迪奥普的《莫尔·拉姆的骨头》（*L'os de Mor Lam*），阿卜杜·安塔·卡（Abdou Anta Ka）的《阿马祖卢》（*Amazoulou*），还有莎士比亚的《麦克白》（*Macbeth*），保罗·克洛代尔的《金头》（*Tête d'Or*），以及莫里哀（Molière）的《想象中的病人》（*Le malade imaginaire*）。

为了支持这些戏剧表演，桑戈尔建立了一所戏剧学院，不仅培训演员，还培训音乐家和舞蹈家。

其次，他创建了新非洲出版社（Les Nouvelles Editions Africaines），同时出版了一系列文学集，包含小说、散文、诗歌、口头文学和戏剧。新非洲出版社欢迎来自各地的书籍，作品主要为与非洲主题有关的非洲和欧洲书籍。

但在文学方面，该出版社致力于推广非洲作品，发现了很多小说家，特别是女性小说家，如玛丽亚玛·巴（Mariama Bá）、阿米纳塔·索·法尔、肯·布古尔、马尔纳·尤努斯·迪安（Marne Younousse Dieng）、纳菲萨图·迪亚洛（Nafissatou Diallo）、法图·恩迪亚耶·索（Fatou Ndiaye Sow）、阿布杜拉耶·凯恩（Abdoulaye Kane）、阿巴斯·迪奥纳（Abasse Dione）、罗歇·多桑维尔（Roger Dorsinville）。小说界和诗歌界的代表人物有雅克·盖加尼（Jacques Guégane）、拉明·萨利（Lamine Sali）和热拉尔·舍奈（Gérard Chenêt）。

散文界更是人才济济，成果斐然：阿拉萨纳·恩道（Alassane Ndaw）的《非洲思想》，莫哈马杜·凯恩的《小说与传统》（*Roman et traditions*），乔治·恩加尔的《塞泽尔研究》（*Etude sur Césaire*），H. 格拉夫朗（H. Gravrand）的《谢列尔文明》（*Civilisa-*

tion Seereer）（两卷），皮埃尔·克莱因（Pierre Klein）的《塞内加尔短篇小说选集》（*Anthologie de la nouvelle sénégalaise*），马马杜·迪亚的《伊斯兰教与发展》（*Islam et développement*）。

桑戈尔经常推荐散文集中的一些作品，而在文学方面，他给予我们完全的自由。审查委员会审阅了大量手稿，其严厉程度在今天看来被认为于严苛。然而，这正是为了保证法语文学的质量，这一文学运动由非洲的非洲存在出版社发起，它在选择作品时同样非常严格。桑戈尔不想看到廉价的文学泛滥，也不想要粗制滥造的文学教学。

因此，当他在1968年和1970年两次提出希望把非洲文学引入大学时，他要求必须确保学生们学习到"传统作家"的作品：塞泽尔、鲁曼（Roumain）、蒙戈·贝蒂、奥约诺、比拉戈·迪奥普、谢赫·哈米杜·凯恩、萨吉（Sadji）。他们的语言优雅、具体、形象，但又不失准确。他并不鼓吹"非洲法语"，更不是克里奥尔语或"混合语"的追随者，就像我们今天在许多报纸和小说中所看到的那样。

在这方面，巴拉·迪乌夫（Bara Diouf）能够证明桑戈尔对官方报纸《太阳报》（*Le Soleil*）提出的要求，以及他对法语错误或印刷错误的批评。

我们再谈教学方面。我们知道，是桑戈尔在巴黎第四大学和格勒诺布尔大学设立了法语国家教席，法国第一堂非洲文学课就是在这里讲授的。此后，巴黎第三大学、巴黎第十大学、巴黎塞尔日大学（Cergy Paris Université）、巴黎第七大学、巴黎第八大学、巴黎第十二大学、巴黎第十三大学先后将非洲文学列入现代文学课程。当然，是作为选修课。

最后，桑戈尔创办了《埃塞俄比亚人诗选》杂志，尽管后来停刊过几年，但在总统的侄子巴西尔·桑戈尔（Basile Senghor）和一个学术审查委员会的指导下，今天杂志重又恢复活力。

应当指出，《埃塞俄比亚人诗选》杂志是塞内加尔唯一能够延续至今的文学、文化杂志，这可能是因为它依托的是总统创建的基金会，该基金会资助论文、文学研究和小说、诗歌竞赛的出版。基金的资金来自沙特阿拉伯向桑戈尔提供的一笔用于文化活动的资金，该资金在桑戈尔总统退休后仍继续资助这方面的活动。这一例子堪称典范……

桑戈尔：文学评论家

桑戈尔是一位作家，更是一位诗人，但很难称为优秀评论家，至少对他自己的作品而言如此。文学创作与评论属于相互矛盾的活动：文学创作需要直觉、敏感、随性和情感冲动；而文学评论则需要客观、思辨，具有全面的视角、理性的头脑。谈论自己作品的作家既在做法官，又是当事人，桑戈尔有时就会做出此类冒险之举。但更多的时候，他更喜欢谈论别人的诗歌，或者一般的非洲诗歌。

值得注意的是，从1939年开始，他就在长篇散文《黑人的贡献》（*Ce que l'homme noir apporte*）[收R. P. 奥皮艾（R. P. Aupiais）和作品集《有色人种》（*L'homme de couleur*）]等文章中对非洲艺术进行理论分析。

但后来他又创作了许多著作：《非洲黑人诗歌》（*La poésie négro-africaine*）(1951年)，《黑人精神与人文主义》（*Négritude et humanisme*）(1964年)，《〈埃塞俄比亚人诗选〉杂志后记》（*Postface d'Ethiopiques*）(1956年)，为希卡亚和爱德华·莫尼克所写的序言，《保罗·克洛代尔的演讲》（*La parole chez Paul Claudel*），《关于法语诗歌的对话》（*Dialogue sur la Poésie Francophone*）(1979)。许多的作品研究

的是黑人诗歌的独特特征，并发展了他关于黑人节奏、象征意象、感觉—思想的著名论断（不断重复这些论断）。

因此，当他撰写了一篇著名的序言来介绍像奇卡亚这样的年轻诗人时，他指出的是什么问题？他推崇的是什么？"寓言的天赋，就像他的祖先一样，就像黑色守夜故事一样……诗人的头脑中充满了意象，这是他的主要特点。"

还有"黑人的苦难，首先是被钉在十字架上的刚果的苦难……""从绝望到反抗只有一步之遥，奇卡亚跨越了二者的距离"。最后，"然而，这并未影响希望之火在黑人灵魂深处闪耀，顽强……今后会战胜死亡，实现重生、歌唱，就像只有黑人才能唱歌一样"。

此外，桑戈尔还欣赏奇卡亚"那浓墨重彩的、旋转的图像，丰富的节奏，斑斓的色彩"，以及他的并列句法，"使逻辑和激情富有跳跃性，节拍参差，强弱呼应，回复而不重复，平行却不对称，时而跨行交错，时而中断、回旋"[《缩影》（*Epitome*）（1962 年）]。简言之，"奇卡亚是一个见证人，他的唯一目的是为'黑人精神'发出宣言"。

15 年后，爱德华·莫尼克创作了《阳光明媚》（*Ensoleillé-vif*）一书，桑戈尔对他的分析则更加细致，从书中发现了口述的特点，"回到语言的源头，反对文字的异化"和"咒语的特点，歌唱，词语集合的旋律，作为黑人第三个特质的节奏"。他列举了数个不对称节奏的例子。

桑戈尔集中讨论同音、重复和连接词的省略，用他的话说，这是"黑人的简洁"，是"实现表达密度和光辉的简略"。

他还表示，"黑人诗人不是用概念来思考，而是用意象来思考"，他在莫尼克身上认识到了这种能力："诗是视野，是符号的网络，每一个形象都具有多种价值。"他还认为莫尼克将相反的事物联系起来，从而实践了"多种价值的黑人法则"。

最后，他提到了黑人对女人和爱情的看法：

> 正如我们所看到的，黑人的爱不是色情，而是情色，虽是最肉欲的……但情色与肉体融为一体……在灵性之上萌生……爱是对死亡最有力的抗拒，是生命最生动的表达。

除此之外，莫尼克的诗中还有些什么呢？故乡，流放，异族通婚，这些是这位毛里求斯诗人作品中特有的主题，被桑戈尔很容易地纳入自己的主题，因为他表示："莫尼克选择了自愿做黑人。一个黑人，因为深深植根于'黑人精神'，并受其影响，所以他向所有来自外部的互补的营养敞开怀抱……"

桑戈尔对他人诗歌的评价并没有脱离"黑人精神"问题，也没有脱离整个桑戈尔主题的范围，这些主题与他所赞扬的诗人的主题汇聚到一起。即使在埃吕雅（Eluard）、克洛代尔（Claudel）或圣约翰·珀斯身上，他也能发现"黑人"的特征，并以此来解释"黑人精神"的魅力。

简言之，桑戈尔在文学领域的批评活动就是围绕着这种痴迷而展开的：在每位诗人身上，他都会关注非洲黑人表达的特点：思维方式，感觉方式，说话方式，爱的方式，等等。

桑戈尔为什么会有这种痴迷（这令很多人感到不舒服，比如塔蒂·卢塔尔和亨利·洛普）？我认为，其根源在于他孜孜以求，不断希望提高黑人的价值，重新评价黑人和非洲人的尊严、他们的文化、他们的心理、他们的身体，以及他们的表达。他早在1936年就写道："我要撕碎法国墙上贴的所有'香蕉咖啡'的笑脸广告。"为"黑人精神"宣传和"宣言"，这是最佳的解构方式，用以解构因奴隶制和殖民化而造成的对黑人的蔑视。这份事业他会始终一如既往地去做，凭着谢列尔人的固执，有系统地去完成。

桑戈尔将"黑人"与西方人对立起来，这是一种意志，但也可能是一种方法，或者一种教育方式。

正是桑戈尔在"黑色非洲人"（Négro-africain）的基础上创造了新词"白化病欧洲人"（albo-européen），以此作为对弗朗茨·法农"白人创造了黑人"这一说法的回击。桑戈尔写道：是黑人创造了白人。萨特则总结说：这是反种族主义的种族主义。

桑戈尔是种族主义者吗？哦，这是难以想象的！那么这到底该如何解释呢？

确切地说，这是对文化差异，特别是对两个伟大文明之间的文化差异的清醒认识和敏锐识别。

固然，桑戈尔并没有能避开泛化的陷阱：他总是喜欢下定义——黑人是这样的，黑人是那样的，等等。如此他就固化了黑人的本质，并将其固定在一个不变的时间里，然而人类是在随着时代的变化而变化的。然后，他又创造了一个适用于整个非洲的人（包括海外的非洲人）的范式，而我们知道非洲大陆的文化具有多元性和多样性，且不说非洲文化在美洲和安的列斯群岛的变化！

但桑戈尔只看到并只选择看到那些能够将非洲文化、非洲人与西方区别开来的主要明显特点。

但是，不同的非洲文化难道不是属于同一种文明吗？难道不是拥有同样一段刻满创伤的历史吗？在桑戈尔之前和之后，很多人都注意到了这些特征，如戈比诺（Gobineau）、弗罗贝纽斯、鲍曼（Bauman）、韦斯特曼（Westermann）、阿里乌内·迪奥普、巴西尔·戴维德森（Basil Davidson）、罗歇·巴斯蒂德（Roger Bastide），等等。他们中的每个人都从自己的研究领域出发，指出了黑人世界的共同特点。桑戈尔把这些特点汇集起来并提出了"黑人精神"，这是"非洲文明的文化遗产和价值观，特别是非洲文明的精神"（1959年）。当然，他从未忘记，这份遗产要适应现代世界和整个人类文明。

总之，桑戈尔只是书写了这个文明的心理学，与 O. 马诺尼（O. Mannoni）的《殖民心理学》（*Psychologie de la colonisation*）（Seuil 出版社，1950 年）针锋相对。马诺尼的理论可以概括为："不是所有的民族都适合被殖民，只有那些有着这种需要的民族才是适合被殖民的！"桑戈尔希望提出一种不存偏颇、更加客观的非洲人心理学，在其基础上形成一种伦理、一种政策和一种美学。

在不久之后的 60 年代，让·迪维尼奥（Jean Duvignaud）从更为广泛的层面上继承了桑戈尔的衣钵，并提出了"文化相对主义"的概念，表示人类文化拥有维护其差异（包括语言、宗教、社会结构、服装、饮食、习俗和民俗方面的差异）的不可剥夺的权利。

我们可以相信，人文主义的这些成就（在理论上）不会再受到质疑，而这些成绩的取得要归功于桑戈尔和"黑人精神"作家们的付出，同时也要归功于众多法国科学家，如克洛德·列维－斯特劳斯、米歇尔·莱里斯、马塞尔·格里奥尔（Marcel Griaule）、雅克·鲁菲耶，以及众多哲学家，如 E. 穆尼耶（E. Mounier）和皮埃尔·布迪厄（Pierre Bourdieu）。

关于非洲语言问题对桑戈尔的访谈

利利安·凯斯特鲁（Lilyan Kesteloot）：总统先生，我们在这次法语双年展之后来向您提关于非洲语言的问题，这或许会令您不悦。不过您知道，这是一个计划多年的项目，早在双年展之前就开始酝酿，因为有很多人想了解您对非洲语言问题上的态度。您在国际上和塞内加尔都被誉为法语的伟大捍卫者，所以我有一些问题，想当面聆听您的看法。

桑戈尔：您来向我提问是对的，正当其时。您会注意到，我在双年展开幕式上的讲话中说过，法语和法国文明之间、非洲语言和非洲文明之间并不存在对立。不幸的是，今天有很多人——恕我直言——因为受人盅惑而变得愚蠢。说他们愚蠢，是因为他们总是从对立角度看问题，而非从互补角度看。如果是黑人这样看问题，我会更加感到惊讶，因为从本质上说，非洲黑人应该懂得辩证方式，或者说辩证的思维方式。我要重复一遍，"黑人精神"必须是一个根基，而不是什么贫民窟，"黑人精神"意味着生根和开放。这就是为什么我也支持法语国家组织，因为我们需要一种国际交流语言。然而，若是从沟通和清晰的角度来看，我不知道有哪一种语言能够胜过法语。

话虽如此，我还是法属西非（Afrique Occidentale Française）第一个公开呼吁将非洲黑人语言引入教育的人。这一提议是1937年我在达喀尔商会举行的一次题为"法属西非文化问题"的会议上提出的，后来发表在《自由Ⅰ》（Liberté I），自此我一直持相同的看法，新的教育改革将我们的六种民族语言引入小学就足以证明这一点。

在其他地方，有人的确发表过很多言论，但他们为黑人非洲语言的传播又做了什么呢？

若只是批评说"这项改革尚未得到执行"当然容易。接下来必须制定一些语法规则，首先是六种语言中单词的区分规则。我们在广泛征求专家意见后，颁布了一项法令，确定了文字书写规则。我有时不得不做出些让步，尽管我对此不太满意。之所以让步，是为了迎合语言学家的愿望，最重要的是为了在整个黑非洲，至少在西非，使用相同的书写规则。

然后我们又开展了一项工作，就是划分句子中的单词。这是一项艰巨的任务。事实上，我们的语言是黏着型语言，这意味着在同一个单词的内部会包含几个功能，分别以不同词缀作为标志，包括后缀、前缀或中缀。这是困难所在，特别是因为宾语代词和主语经常与这个词连在一起。我们完成了沃洛夫语单词划分的工作，现在只待发布法令。几个月来，我一直想找出一个星期的空闲时间来起草法令，但很可惜，能源危机、干旱和许多其他问题占用了我所有的时间，毕竟，人"首先要活着"嘛。

不过这并不重要。事实上，谢列尔语委员会的工作为我们开辟了全新的前景，六种民族语言整理的工作完成后，我们的师范学校就要教授书写和单词划分。我们关于语言书写的法令既不是儿戏，也不是要进行形而上的研究。在小学，教师必须同时教授该地区的民族语言和法语。我当年就是在学习沃洛夫语的同时跟传教士学习了法语。

利利安·凯斯特鲁：所有这些工作可能是必要的，但进展过于缓慢，我认为这会让人产生质疑，毕竟我们已经独立 13 年了。此外，我们可以看到法语的巨大活力，它正在革新方法，特别是围绕文化、语言、能力和多样性的提高，与法语国家机构一起在世界各国举办大会。此外，我们还注意到，尽管设立了这些委员会，但非洲语言的研究小组和非洲语言研究项目的工作中却存在着某种程度的懈怠。这是资源的问题还是专业人员不足的问题？

桑戈尔：当然，这是一个欠发达的问题，但又不仅仅是欠发达的问题。以法国这样的发达国家为例。多年来，他们一直积极保护和推广法语。尽管如此，依然还没有取得很大进展。就在去年，我想是 1973 年，法国首次出版了某些技术类词汇表。法国人有钱，又有博学的专家，而我们继承了法国行政部门的拖沓作风，同时又不发达。我们确实有精英人才，但在塞内加尔，我们往往很难找到合适的人来担任某个职位，比如一个部门或一个公共机构的领导。这就是困难所在。

此外，我们还面临着诸多其他的问题，如政治问题，中东问题，种族隔离问题，法国前殖民地国家的战争，贸易问题，经济问题，干旱问题，能源问题，等等。

某些极端主义思想人士对我们提出批评，可是又从来拿不出一个做得更好的法语国家的例子，这令我十分惊讶。诚然，我们的工作进展缓慢，但我们正在有条不紊地取得进展，您自然清楚，我从未阻止过黑人非洲语言学的研究，从未阻止过民族语言书籍的出版，也从未压制过民族语言文学的发展：我甚至向布拉尔语协会（Association pour le Poular）等组织提供资金支持。

利利安·凯斯特鲁：您谈了法语国家的问题，但是拿英语国家的例子会更容易说明问题。为什么像尼日利亚、肯尼亚、坦桑尼亚和加纳这样的国家虽然面临类似的问题，但却通过在小学、中学和大学教授非洲语言解决了语言问题？

桑戈尔：要比较有可比性的东西才行。我要说，说英语的黑人自己没有解决这个问题，是英国人为他们解决了这个问题，因为英国人奉行的政策不同于同化政策。我并不是说英国的政策更好，因为在某种意义上，那是一种种族隔离政策。英国人是从教育非洲人开始的，每个非洲人都可以用自己的母语学习，英国人教他们用一种非洲语言阅读和书写，而法国奉行的是同化政策。从这个角度来看，塞内加尔是最落后的，法国人占领我们国家长达300年之久，我们的问题由来已久，这就是为什么我们的进步要比讲英语的国家慢。我再强调一遍，英国人甚至在独立之前就已经为讲英语的黑人解决了这个问题。

利利安·凯斯特鲁：他们用自己的方式解决了这个问题，而且是以一种不特别科学的方式解决的，所以他们进展快得多。我想问您这样的问题：在教授一门语言之前，是否必须先编纂字典，先整理出完整的语法，也就是说，先解决所有的语言问题？如果我们要等到所有这些问题都解决后才开始教法语，我们还会在公元18世纪之前就开始教法语吗？

桑戈尔：我同意您的观点，所以我的意思不是说我们要制定语法，我只是说必须满足两个条件。首先，必须有一套音标，科学的音标。这项工作我们已经做了。其次，我们必须知道，至少，要划分句子中的单词，这是最低要求。接下来是制定语法和编纂字典。这是塞内加尔正在做的工作。

利利安·凯斯特鲁：我完全同意，确实需要初步澄清一些问题。然而这些问题解决后，到目前为止还没有人接受过专门的培训。的确，就像您所说的，现在有师范学校，有大学，不过没有人接受过组织语言传播方面的培训。我们是否可以设想培训非洲语言学家的项目，并在各级进行教学试验，例如，鼓励以各种语言出版某些作品，即使这并不完美。毕竟，一种语言是活的，您知道，拼写并不是从一个人开始书写一种语言的那一刻起就固定下来的，还要考虑语言的使用。这似乎使得一些拼写规则很难进入应用。例如，您谈到了沃洛夫的辅音重复。这也给我留下了深刻的印象，辅音重复使用起来并不方便，我不认为它会一直被使用。

桑戈尔：确实如此，辅音重复甚至不符合音系的现实，我在20世纪30年代就从记波摄影器上注意到了这一现象，它只是一种时尚。

同时要允许私人研究，如果想要研究工作取得效果，就必须确定拼写规则并制定标准，即语法规则。大学中设有普通语言学和黑人非洲语言学系，其任务之一是与政府保持联络。同时，必须培训能够教授语言标准的语言学家，因为无论是在实践中还是对说话的人来说，这些标准都是存在的。弗朗索瓦·德·马莱伯（François de Malherbe）说法语是"福安港（Port-au-Foin）的钩针匠的法语"，因为每种语言都有规则，即便它们不是书面的。我们不能发明这些标准，而是必须把它们从语言中提取出来。当然，我赞成功能语法，但功能语法必须确定实际存在的语法规则，而不是形而上学、无中生有地创造它们。这就是马莱伯的意思。最好的沃洛夫语是农民们讲的沃洛夫语：卡约尔（Cayor）地区的沃洛夫语，恩达姆布（Ndiambour）地区的沃洛夫语，迪奥洛夫（Diolof）地区的沃洛夫语。我认为标准和培训就是这样。

利利安·凯斯特鲁：对不起，关于培训问题，您没有完全回答我的问题。我是想问：现在是否已经考虑过培养语言学家，使他们将来能够成为教师？

桑戈尔：是的，我告诉您，达喀尔大学就有语言学系……

利利安·凯斯特鲁：但是那里没有沃洛夫语课，也没有非洲语言课程，而巴黎的东方语言学院就开设了这些课程。

桑戈尔：但我以为非洲语言课程还是有的！不过感谢您提醒了我这方面存在的不足，我会处理的。既然有普通语言学和非洲语言学系，我以为就有教授教黑人非洲语言的老师。培训问题就说到这里吧。关于语言的推广问题，我要重申，我鼓励科学地记录语言，鼓励出版杂志、报纸和图书……

利利安·凯斯特鲁：是的！在这方面，我注意到了您对文明研究中心的《Dem Bak Tey》杂志的支持，该杂志实际上正在努力编写沃洛夫（wolof）语、富拉尼（peul）语、谢列尔（sérère）语和曼丁卡（mandingue）语等语言的文章，并教人们书写这些语言。但是，难道不能在《太阳报》开辟一页版面刊登非洲语言文章吗？多哥的报纸上就有一页采用了埃韦（éwé）语，喀麦隆也有报纸在使用非洲语言。

桑戈尔：待到有关于文字划分的法令颁布后，我们可以从沃洛夫语开始尝试这样做。

利利安·凯斯特鲁：现在应该加快节奏。

桑戈尔：我需要抽出时间来做这件事，可总是有记者、科学家、教授来采访我，比如您吧，而我一天只有24小时！

利利安·凯斯特鲁：还有一件关于非洲语言的未来的事我想问您。我看过您写的一句话，让我特别惊讶，在克勒图瓦（Crétois）神父编写的《谢列尔语—法语词典》的前言中——顺便说一句，这是一本非常博学的词典，您写了这样一句话，我想了解其中的原因："几十年后，谢列尔语将不再被使用，这将是塞内加尔和语言学科的损失。"这一态度针对的是作为少数民族语言的谢列尔语，还是针对所有非洲语言？

桑戈尔：不是这样的！那是我对作为一种少数民族语言的谢列尔语发出的感叹。目前，几乎所有的谢列尔成年人都会说两种语言，在家中讲谢列尔语，在家庭之外讲沃洛夫语。但您知道吗，提埃思人（Thiès）、鲁飞斯克人（Rufisque）和波本归纳人（Popenguine）讲的是三种谢列尔语，都与西内地区的谢列尔语不同。这就是为什么我要邀请来一位奥地利教授来此，在我还是战俘的时候，他是我的一位看守，名叫瓦尔特·皮希（Walter Pichi），他是这三种语言的唯一一位专家。我是想说，我不赞成谢列尔语整体消失，也不赞成作为地方语的谢列尔语消失，我只是注意到了一个事实。相反，我反对统一化，要知道，许多人都希望将沃洛夫语作为整个塞内加尔的唯一语言。对此我反对，尽管我热爱沃洛夫语的丰富多彩。所有的语言都必须去体验，要去说。因此，当我们在小学教授民族语言时，每个地区教授的语言将是大多数人使用的语言。

利利安·凯斯特鲁：您是指绝大多数人，还是相对多数人呢？

桑戈尔：绝大多数人！例如，如果在一个地区，大多数人讲谢列尔语，我们就会教授谢列尔语。但随后也可以去教另一种语言，这很容易，因为六种民族语言的书写法都是相同的。

利利安·凯斯特鲁：我还有一个问题想问，我的最后一个问题。在双年展期间，有人对我们说，法语不仅是一种交流工具，而且还是一种思想的载体，一种文明的载体。我想这种说法很正确。另外，您也经常说"黑人精神"可以用法语表达。我这里要提的是一个技术性问题。许多非洲作家向我证实，法语对他们而言是一件国际交流的工具，有时是一件艺术的工具，诚然如此，但在更深的层面上，有很多东西他们无法用法语表达。他们表示，放弃自己的语言在一定程度上就是放弃自己的文化。对此您怎么看？

桑戈尔：您看，理想的情况是达到英语国家的情况——我必须再次指出，他们还没有实现目标，在英语国家，民族语言与国际语言并存。而且，世界各地基本上都会渐渐出现这种局面。例如，在斯堪的纳维亚国家，从小学开始教授英语，人们都能讲两种语言。即使在英国，所有有教养的人也都能读懂法语。

最后，我要重申我对双语和语言共存的态度。我们必须与二元论的孤立态度做斗争,因为二元论意味着山穷水尽,意味着系统性地反对他者。一味地反对就无法实现自我丰富,实现自我丰富靠的是共生和相互孕育。这就是生活。

利利安·凯斯特鲁对桑戈尔的采访,载于《太阳报》,1972年

非洲民族文学的问题

定义

非洲民族文学问题同民族哲学问题一样，在法国正成为十分热门的话题，其流行之势在高等实用学院（Ecole pratique des hautes Etudes）的德里达研讨会上可见一斑。在我们正在研究的学科领域，我们研究所的同事乔治·恩加尔参加的研讨会也证实了这一点。

这一热门话题是十年前流行的文化身份模式问题的延续，属于"差异"问题的更广泛的政治辩论的一部分，成为以巴黎左翼知识分子为代表的知识分子组织的许多会议和众多出版物的研讨主题。这场辩论首先在社会学家和社会心理学家之间展开，正是他们在接触到列维－斯特劳斯、M. 格里奥尔（M. Griaule）、M. 米德（M. Mead）和其他发现"野蛮思维"系统的民族学家的研究成果后，开始思考如何定义非洲民族文学的。

从巴朗迪耶（Balandier）到让·迪维尼奥，从斯托泽尔（Stoetzel）和卡尔迪内（Kardiner）到富热罗拉（Fougeyrollas），学者们对几个概念都进行过研究和剖析：文化认同，集体认同，民族认同，基本个性，社会认同，但始终无法确定其确切的边界和维度。J. M. 多梅纳克（J. M. Domenach）因此提出"橡胶—概念"

说。或许是这样吧。然而定义必须要有，也许可以对文化认同这样来归纳：是指基于共同或相近的历史、土地、语言、制度和信仰而从属于一个特定群体的事实。

在此基础上，我很乐意加上 R. 德布雷（R. Debray）提出的形式更为细致的"民族"概念："一种理性无法接近的东西，与梦想、情感及我们神经元深处的自发性联系在一起的东西……是由无意识记忆的缓慢作用潜移默化塑造而成的情感，其基础是上面列出的所有数据。"

话虽如此，我们还是可以从主观的或客观的、外在的或内在的、固定的或变化的角度来看待文化认同，因为就像所有与生命有关的东西一样，文化认同概念处在不断的演化、融合、转变之中。

我们在此并非只是去讨论文化认同的概念，而是要强调：它首先是"黑人精神"运动开启的意识觉醒的核心，之后成为非洲民族文学辩论的基础。

历史发展

自 20 世纪初以来，"黑人文艺复兴"时期的作家（1921 年宣言）都呼吁"黑人人格"，如海地作家普里斯－马尔斯（Price-Mars）［创作了《叔叔这样说》（*Ainsi parla l'oncle*）（1927 年）］和古巴作家尼古拉斯·吉伦。《危机》（*Crisis*）杂志和阿朗·洛克（Alan Locke）的《新黑人》（*The new negro*）选集很好地证明了美国黑人作家对他们的社会和文化差异的明确认识。

在他们之后，加勒比和非洲的作家们因为一批杂志而汇聚在一起，如《黑色世界》（*Monde Noir*）、《正当防卫》（*Légitime Défense*）、《黑人大学生》（*L'Etudiant Noir*）、《格里奥特人》（*Les Griots*）、《热带》（*Tropiques*）和《非洲存在》，以及《桑戈尔文集》（*Anthologie* de Senghor）。他们提出了"黑人的特殊性""非洲黑人文化""黑人价值观""非洲黑人文明"等口号，而 W. E. B. 杜波伊斯（W. E. B. Du Bois）又提出的"黑人灵魂"概念。

正是他们——而非欧洲人，声称自己是非洲文明的一部分，承认并声称在非洲文学中表现出这种黑人身份。为了用一个词来概括，他们发明了"黑人精神"一词，这是一种身份认同的旗帜，在这杆大旗之下，全世界都认识了他们。不过，我们已经在谈论民族主义了，并且，黑人作家借助这些抗议文学，已经表示他们正在创作表达黑人身份和黑人民族的民族文学。自从塞泽尔写出《返乡笔记》后，黑人族群和黑人民族的概念就已经形成，这无疑受到了和黑人一样飘零在几个大陆上的犹太民族的影响。为了对抗意欲通过不断搞分裂以达到统治整个非洲的目的的殖民者，黑人国家的概念出奇的有效，很快便成为非洲民族的同义词。

在政治和文学层面上，这一概念提出后，非洲人民就能够一致提出独立的诉求，以此挑战强大的殖民者。

因此，埃里卡·姆博科洛洛（Elikia Mbokololo）教授说得很有道理："在独立时，甚至在独立之后，（黑人）知识分子都很难克服殖民主义的矛盾思想，因此'民族意识'概念才会模糊不清，埃塞俄比亚和马达加斯加的非典型情况除外。非洲'国家'是什么意思？由于殖民主义从法律上和意识形态上实现了对非洲人的同化，因此许多人会说非洲只有一个黑人民族。泛非意识形态在其鼎盛时期，从这里汲取了很多东西。"

这种泛非意识形态的形成得益于众多知识分子的贡献：帕德莫尔（Padmore）、恩克鲁玛（Nkrumah）、塞泽尔（Césaire）、桑戈尔、法农、阿利乌内·迪奥普、谢赫·安塔·迪奥普。只要重新打开两次黑人作家和艺术家大会（1956年和1959年）的文件，以及1966年达喀尔大会的文件，我们就会相信，这些人的一致声音形成了一股力量，将分散的能量"催化"成一道密集的光束，这是起动非洲大陆的存在主义运动的一个真正的杠杆。

面对三个世纪以来消灭黑人、分隔黑人、贩卖黑人和摧残黑人的历史，黑人诗人们首先站出来用自己手中的笔奋起反抗，他们希望重新唤起并重塑黑人意识和黑人尊严，团结非洲人民。

因此，个别的国家独立（塞内加尔、马里、几内亚、刚果）是整个非洲独立进程的一部分，所有散居国外的黑人都认为这是他们自己解放的象征。

而在美国，通过穆斯林运动、"黑豹"（Black Panther）运动和"黑人力量"（Black Power）运动，黑人的民族情绪高涨，非洲人从这些运动中也感受到了团结的力量。罗沙·马特索（Locha Mateso）认为："事实上，人们存在着认识的模糊，提到 1950—1955 年代的民族文学时，我们指的其实是非洲黑人文学。"不，这不是认识模糊，而是身份认同问题。黑人作家是唯一实现泛非主义的人。当里夏尔·赖特（Richard Wright）、詹姆斯·鲍德温（James Baldwin）、勒鲁瓦·琼斯（Leroi Jones）发表作品时，这是非洲黑人文学；而彼得·亚伯拉罕（Peter Abrahams）、詹姆斯·恩古吉（James Ngugi）、肯雅塔（Kenyatta）发表的作品则是非洲文学；当塞泽尔写作《克利斯托夫一世》、德佩斯特（Depestre）写作《黑色矿石》（*Minerai Noir*）时，这也是非洲文学。

音乐、文学、绘画、雕塑、舞蹈等各种艺术创作活动，都在种族和文化特性的基础上实现了国际性和多语言的统一。某个民族的情感会很自然地融入这场规模更大的运动之中。作者并不关心是在展示自己的国家刚果还是在展示非洲，不在意表现的是自己的种族还是他内心的自我。让我们听听奇卡亚是怎样澄清错误问题的："最终，写作方面没有种族风格、民族风格或者非洲风格，甚至没有单纯的写作风格。写作方法中有着一种整体性。我是作家，当然，我个性的所有组成部分全都能够在我的写作风格中找到。"

我们首先仅举几个非洲作家的例子：P. 若阿基姆（P. Joachim）、保罗·尼日尔、罗歇·多桑维尔、谢赫·哈米杜·凯恩、贝尔纳·达迪耶。

但是，随着历史的发展，在今天被称为"非洲文学"的领域，这股巨大的"黑人精神"思潮似乎自然会与当地现实结合，迅速分裂成不同的独立分支。"民族文学的确立与年轻的非洲国家的建立同时出现"，这是非常正常的，尤其是因为"今天非洲人面临的挑战与第二次世界大战前并不完全相同：1938 年，非洲人民的敌人是殖民者。而今天，非洲人要面对的是极度的不发达、新殖民主义政治制度的傀儡统治、极权主义……"

但事实并非如此，"黑人精神"与民族文学并没有出现断裂，首先因为"黑人精神"文学在新独立的国家中广泛传播，同时也是因为这一思潮的主要作家被纳入了学校课程，历史课程也进行了相应的改革。因此，"黑人精神"作家成为非洲高中生的"经典"代表，这些国家的所有新作家都熟悉他们的前辈。

我们在 1961 年的《法语黑人作家》一书中已经提出过民族文学的问题，而我们自己也对这种文学的未来产生怀疑，因为它呈现出一个共同的大陆战线特点。我们甚至对继续使用欧洲语言进行文学创作提出了质疑，并想到，如果使用非洲语言创作，势必将造成语料库的碎片化，这意味着与欧洲和其他族裔群体的非洲人出现交流的困难。不过那样的话，我们确实可以说这是真正的民族文学。

幸而这样的情况没有出现，讲英语和法语的黑人作家似乎害怕被孤立，害怕与国际上的读者切断联系，我指的是邻近的非洲国家以及欧美大都市中的读者。

因此，他们中的大多数人继续面向第一代读者，同时扩大他们在自己地区读者中的影响，二者并不矛盾。然后，不同的非洲国家也朝着同样的方向发展，尽管1945年制定的目标发生了变化，但1970年、1980年和1990年各国的情况却呈现出十分相似的特点，以至于今天，像亨利·洛普这样的小说家会说："当我身处（非洲）任何一个国家时，我都有一种在自己国家的感觉……因为同样的问题在厄瓜多尔南北部、萨赫勒地区国家、热带草原国家和森林国家都出现了，而且一再出现。这很容易理解：在非洲，我们有着超越语言障碍的共同文明特征……"

因此，总体而言，作家们依然保留着一种与其他非洲国家相同的文化特性的感觉，这些国家在文明和历史发展方面与作家们自己的国家是如此相似。对于亨利·洛普、谢赫·哈米杜·凯恩、鲍里斯·迪奥普、拉明·萨利等年轻一代来说，他们心中"作为一个非洲作家的感觉"虽仍然占主导地位，但并不妨碍他们去反映刚果或塞内加尔的民族现实。

然而，1984—1985年，人们才在巴黎开始谈论"非洲民族文学的出现"。

首先，在索邦大学比较文学大会上举行了一次圆桌会议（1985年8月）。随后，法国合作部和法语国际剧院（Théâtre International de langue française）组织过一次研讨会。然后由Bordas出版社于1985年12月在达喀尔书展上举行了一次讨论会，推出一本名为《法语民族表达文学》（*Littératures nationales d'expression française*）的选集。最后，《我们的书店》（*Notre Librairie*）杂志连续三期都讨论这一问题，黑人批评家和白人批评家形成对立阵营，作家们也被要求就这个问题选边站队。人们置身于一场大辩论之中，却不知道辩论其实是由外国机构发起并组织的。

然而，一些非洲批评家和作家对此极为不满，认为这是企图将非洲文学及其承载的共同意识形态"巴尔干化"，他们中有维尼翁戴（Vignondé）、奥兰普·贝利·克努姆、马迪奥尔·迪乌夫（Madior Diouf)、B. 科齐（B. Kotchy）。而其他一些人，如恩甘杜·恩卡沙马（Ngandu Nkashama）、A. 瓦努（A. Huannou）、罗沙·马特索（Locha Mateso），则对此积极支持，并试图利用这个机会"埋葬""黑人精神"运动，直至实现非洲共同文明。这无异于把婴儿和洗澡水一起扔掉。

虽然人们承认，由于历史带来了新的情况，"黑人精神"的主题已经"过时"，但没有想到过要去质疑黑人非洲文学是非洲文明的组成部分这一事实，也没有人想过要使各种民族主义彼此对立，并切断它们与"非洲母亲"（Mother Africa）的紧密联系。"非洲母亲"一词出自努力寻找着自己过去的美国黑人历史学家巴西尔·戴维德森的笔下。

因为这一概念对黑人作家来说是一个"创始神话"（un mythe fondateur），而它又不仅仅是非洲人的神话。它过去是，现在仍然是他们的"黑人民族主义"的基础，是他们文化身份的参照。的确如此，因此当沃莱·索因卡获得诺贝尔奖时，所有非洲人以及所有黑人都对此欢欣鼓舞，因为他们都感到这是关乎自己的大事。

必须指出，外国的批评并不止于此，甚至有人反对非洲民族文学，而鼓吹部落文学和族裔文学。因此，B. 兰德佛尔（B. Lindfors）（这只是一个例子）试图证明索因卡在风格上与法古恩瓦（Fagunwa）和图托拉（Tutuola）相似，并且也是约鲁巴文学的一部分，而与伊博文学的代表希努阿·阿谢贝（Chinua Achebe）关系不大。阿兰·里卡尔清楚地看到了这些观点所包含的危险，他颇为得体地回应道："如果他们认为母语会影响外语写作，那么我们很乐意承认。但如果他们主张从语言层面构建伊博人或约鲁巴人身份，并利用这些身份来解构一个政治整体，那么我们对这种行动的知识合法性则会十分怀疑。"

阿兰·里卡尔轻松地证明了希努阿·阿谢贝和索因卡都是为争

取民主而斗争的同一民族文学的代言人，他说："一个由自由的、有创造力的公民组成的民主国家，一个乌托邦式的政治空间，在这个空间里，公共事务不属于任何私人，公共服务的意义得到认可，少数暴君的个人权力无法窃取国家。"

我们很快注意到，从阿兰·里卡尔在谈到这两位尼日利亚作家时所描述的这一文学项目，其实可以看到其他人的项目：塞内加尔的阿米纳塔·索乌·法尔和谢克·恩道（Cheik Ndao）、马里的阿尔法·迪亚拉（AlphaDiarra）和穆萨·科纳特（Moussa Konate），刚果的西尔万·本巴和拉布·坦西（Labou Tansi），喀麦隆的保罗·达克约和贝尔纳·南加（Bernard Nanga）、加纳的阿伊·科维·阿尔玛（Ayi Kwei Armah）和肯尼亚的詹姆斯·恩古吉等。因此，我们应该冷静判断：不同的部落的文化并不妨碍背景不同的作家感到自己是一个国家的公民，同样，国家不同也不妨碍他们"被作为一个非洲公民的感觉所感动"（洛普）。

你只需要翻开最近一些作家的诗集，比如塔蒂·卢塔尔、雅克·盖加尼、尼姆罗德（Nimrod）、保罗·达克约、巴巴卡尔·萨利（Babacar Sali）、维罗尼克·塔德约（Véronique Tadjo）、达尔梅达（D'Almeida），就会看到这种非洲的存在以千百种象征表现出来，这里我们指的是南非、古埃及、奴隶制、反殖民斗争、故乡的村庄、舞蹈、臼杵和非洲鼓的和声、祖先，此外也不要忘记目前的苦难。不幸的是，这些苦难在不同非洲国家如此相似，令人心痛。

支持的声音

然而，这场关于民族文学的辩论满足了某些人的愿望。诚然，"黑人精神"运动的（非自愿的）权威性因为学术批评家的立场而被放大了，并最终迫使作家们采取一种符合他们的前辈的态度。这有时被认为是一种约束，而艺术中的任何约束都会引起相应的反应。

特别是根据1959年罗马大会的建议，禁止创作包含激进思想或教化色彩的作品。这项禁令从20世纪70年代开始产生了相当大的影响。民族文学的概念应该有助于缓和与塞泽尔、桑戈尔等诗歌大家的无休止的对抗，而从长远来看这属于抑制性的对抗。因此，像塔蒂·卢塔尔和卡迪玛·恩祖吉（Kadima Nzuji）这样的诗人，在一个有限的框架内开始探索与森林、河流和土地有关的温馨题材。

通过这方面的尝试，民族文学的概念开辟了一个吸引人的区域主义潮流创作领域，使地方作家——往往规模较小——能够出版自己的作品，包括小说、短篇小说和剧作，如居伊·门加（Guy Menga）的《考康巴拉的锅》（*Marmite de Kokambala*），或者中非作家 E. 戈耶米戴（E. Goyémidé）的《森林的寂静》（*Le silence de la forêt*），小说向我们讲述的一个俾格米人的美丽爱情故事。

法国和魁北克也有自己的地区主义作家，他们为民族遗产开辟了丰富的维度：创作了《复生》（*Regain*）的吉奥诺（Giono），写下《马吕斯》（*Marius*）的帕尼奥尔（Pagnol），还有风格温柔而怀旧的勒内·巴赞（René Bazin）。

区域主义是海地和马提尼克岛文学界提高认识的一个阶段，吉尔贝·格拉蒂安的诗歌和约瑟夫·佐贝尔的小说《魔鬼》（*Diab'la*）仍然是这方面的生动见证。

喀麦隆也出现了相同的思潮，早在1935年，迪让巴·梅杜（Djemba Medou）的《南伽·孔》（*Nanga Kon*）就是直接用埃翁多语（Ewondo）所著，30年后，R. 菲隆博（R. Philombe）用法语以戏剧形式将这部作品搬上了舞台。

此外，菲隆博还写了小说《我亲爱的索拉》（*Sola ma chérie*），多哥的菲力克斯·库肖罗（Félix Couchoro）创作了《遗产》(*L'héritage*)、《奴隶》（*L'esclave*），塞内加尔的马帕特·迪亚涅（Mapate Diagne）创作了《马利克的三个愿望》(*Les trois volontés de Malick*)。这些小说都包含同样的目的，试图描述身边的现实，反映当地习俗以及人们内心的矛盾。可以说，阿比让的 CEDA 出版社出版的一系列短篇小说也都聚焦这一方向，如保罗·阿科托（Paul Akoto）的《织工抢劫案》（*Le vol des tisserins*）就是一例。

达喀尔的 NEA 出版社和 CAEC 出版社也鼓励年轻作家走进生活，近距离探索当今的城市社会，它们推出了 A. 迪奥纳（A. Dione）的《螺旋生活》（*La Vie en Spirale*）和勒布拉伊马·萨利（Lbrahima Sali）的《幻想的卡车司机》（*Routiers des Chimères*）等小说。

因此，我们可以看到，这一运动在各地都得以良好开启。但是，若想超越地域主义，这些作品中还欠缺什么呢？也许缺的是写作技巧，这些作品往往达不到可以走向国外的水平，比如扎伊尔当地出版社赞助出版的所有小说都没有走出国门。然而，卡迪玛承认："正是通过这些文学作品，扎伊尔读者看到了自己并且定义了自己。"我读过一本名为《腐烂》（*La pourriture*）的书，尽管它从社会学角度看很有趣味，但它确实是没法销到国外的。这就是尼日利亚所说的市场文学（Market literature）的情况。如果希普里安·埃克温斯（Cyprian Ekwensi）从市场文学开始创作，那么他如果想扬名立万，就只有离开。当然，这些只是民族文学的雏形。

其他的作家也在使用非洲语言进行小说创作，包括斯瓦希里语、约鲁巴语和班巴拉（bambara）语，此外还有恩古吉·瓦·蒂雍戈（Ngugi wa Thiong'o），他先是用英语写作，后来转而使用基库尤语（kikuyu），目的是最终让所有基库尤人读懂他的作品。

塞内加尔则有谢赫·恩道和萨克叙尔·蒂亚姆（Saxür Thiam）

使用沃洛夫语写作随笔，最近还有鲍里斯·迪奥普用沃洛夫语创作小说。在这种情况下，写作质量的问题随之解决，因为这些作品（甚至在作者们自己看来）往往优于他们用法语撰写的作品。

由重要的作家率先引领，使用非洲语言进行书面作品创作，采用这种方式，民族文学的出现也许会更加稳妥。

然而，在目前的情况下，地区的文学作品往往以平庸的英文或法文写成，而那些上乘之作因其质量和更全面的视野却能够很快进入国际潮流，两类作品之间似乎存在着太大的差距。后者高举非洲文学的大旗，因而能够广为流传，并为所有非洲国家的所有读者"认可"。

至于他们的作者是怎么想的……到目前为止，我还没有发现任何一个作家会拒绝非洲作家的称号而自称某一国家的作家，他们至多会同时使用这两种头衔。

如果一位批评家非要把鲍里斯·迪奥普定义为塞内加尔作家，把威廉姆斯·萨辛（Williams Sassine）说成几内亚作家，把艾哈迈杜·库鲁马（Ahmadou Kourouma）确定为科特迪瓦作家，那么他的划分标准有什么文化基础呢？

然而，一些国家，如科特迪瓦、喀麦隆、塞内加尔和刚果，民族文学的出现比其他国家要领先一步。这些国家的地方出版社（CLE、CEDA、NEA、CAEC）的推动功不可没，它们促成了更多作品的出版。这其中，主要是因为有文化赞助政策和竞赛、奖品等的激励。

可以想象，这一政策最终会向非洲语言的文学创作进一步敞开大门，更加有利的经济条件会使出版社在选择出版作品时更加大胆，并"承担风险"。最后，我们不能否认这些国家一些著名作家的民族代表性：塞姆贝纳·乌斯马纳（Sembene Ousmane）同阿米纳塔·索·法尔、玛丽亚玛·巴、拉明·萨利一样，都成为塞内加尔出色的代表。

塞内加尔的文学从来没有否认其非洲文学的身份，但毋庸置疑，一种塞内加尔文学正在形成。不过令人费解的是，作家只有在达到国际化的程度时才会成为本国家的代表！

这就是为什么我们不敢轻易地将尼日利亚的"市场文学"或扎伊尔的短篇小说定义为民族文学。我们不敢苟同尚塔尔·扎布（Chantal Zabus）的观点，我们认为"混合化"似乎不是一个未来的解决办法，"重新改造"有其局限性，即易读性的局限性。

同样也不应将民族文学与通俗文学混为一谈。尽管居伊·德·卡尔（Guy des Cars）在法国民间百姓中有更多的拥趸，却无法如马尔罗（Malraux）那样代表法国。

但是，对于乍得、中非、尼日尔、多哥、加蓬、布基纳法索、毛里塔尼亚、利比里亚、索马里和埃塞俄比亚这样的国家，我们能说些什么呢？在这些国家，人们也许只能遇到那么一两位知名作家，甚至说不上是建立民族文学的前提。可是，需要有多少位作家才可以称为民族"文学"呢？

即使我们在这里找来几位记者，从那里寻到几位蹩脚的诗人，拉来给作家队伍充数，也不能使他们达到能够代表民族的卓越水平。没有人能说清这些国家需要多长时间才会把注意力转向书面文学。这些事情不是靠强制手段就能实现的，更何况对有些人而言，首要的迫切问题乃是生存问题：政治、经济动荡无法真正促进文学创作……

反对的声音

令人遗憾的是，民族文学的这一问题首先被错误地提出，然后被媒体利用和策划，太快地宣布了非洲文学的崩溃。西方则扮演了解围者的角色，再次希望使用手段分裂各国。

这些问题该向法国提还是该向美国提？非洲人在没有协调一致的情况下做出了混乱的反应，他们缺乏警惕性吗？

民族文学的概念已经在非洲各大学的学术讨论会或研讨会上讨论过，但没有引起辩论，更不要说它会成为非洲文学的竞争对手或者替代者了！

卡迪玛·恩祖吉写过一篇关于扎伊尔作家的论文，但没有想到这部作品有一天会被用来反对非洲黑人文学，而他还自以为是在为非洲黑人文学服务。当然，这也是阿莱特·舍曼（Arlette Chemain）和罗歇·舍曼（Roger Chemain）关于刚果的研究项目。同样，我们认为，对马里、科特迪瓦、塞内加尔和贝宁的作家进行类似的研究，也是在为非洲文学服务。部分不能取代整体，对部分的深入研究就是为整体服务，这似乎是显而易见的道理！

今天，人们提出的"非洲文学不存在"或"非洲文学已死"的论点，似乎是以欧洲为论证基础提出的：人们可以不讲欧洲文学，而是谈法国文学、德国文学、俄罗斯文学，因此，同样的道理也应适用于非洲。

我们这样讲就好像非洲黑人的经历及其历史真的可以与欧洲的历史相提并论似的，好像非洲文学的出现与"黑人精神"的出现没有关系，好像"黑人精神"也没有洲际的历史！让我们回顾一下泛非电影节（FESPACO）最近在迈阿密组织的大会（1988年），此次盛会汇集了来自欧洲、非洲、北美洲和南美洲讲英语、法语和葡萄牙语的黑人作家和艺术家，真是最大一个广角镜头的呈现！这是非洲知识分子在不受遥控的情况下自发组织的盛会。当然，黑人非洲文化是多元的，因此他们的文学也是如此，但却没有因为多元性而失去特性，因为非洲文学的特性本身就成为把各国文学联系在一起的脐带。

这也是他们历史的标记，是与美国黑人复兴运动的联系，与黑人主义和海地的本土主义的联系，与"黑人精神"、"老虎精神"、非洲个性、昔日的"黑色力量"（Black Power）、今天的非洲裔美国人（African-American）的联系，简言之，是与我们在本文开头谈到的文化认同之间的联系，我们说，这一标记是所有创造性活动的基础。

因此，"非洲黑人"一词难免会受到非难。它是把非洲大陆的作家彼此联系在一起的词汇标志，也是把他们与前辈联系在一起的词汇标志。这是他们的身份证。

比如一位流亡作家，他可能不再是刚果人或喀麦隆人，他甚至可能已经获得法国或美国国籍，但他仍然是非洲作家，他不是无国籍的人，他仍然是"有血脉根基的人"。这成为许多人的经历：威廉姆斯·萨辛、米丹布、东加拉、蒙戈·贝蒂、乔治·恩加尔、范图雷、姆帕雷雷（Mphalele）、保罗·达克约、库内内（Kunene）、德尼·布鲁图斯（Denis Brutus）、莫内南博、努莱蒂娜·法拉……卡迪·哈纳（Kadi Hane）、塔内拉·博尼（Tanella Boni）和莱奥诺拉·米亚诺（Léonora Miano）也有过同样的经历。

现在，任何知识分子、教师、批评家或作家在这个时代都可能被排斥在他们脆弱的和危机中的国家之外。对他们来说，"非洲知识分子"的身份比乍得人、利比里亚人、多哥人的身份更为牢固，没有人能夺走他们的文化身份。

当然，这可以用我的同事们假装的愤慨背后的原因来加以解释。然而，我们丝毫没有捏造什么理由，那么，是他们自己不甘心被封闭在微观民族主义中吗？也许是这样吧，知识分子害怕贫民区，这在非洲和其他地方都是正常的。他们害怕被当地政客劫持吗？这也是正常的，因为令人憎恶的政权会试图利用他们，伤害他们。

是因为他们具有更广泛的族裔代表性，才不会将自己局限于这个国家或另一个国家？这也是很自然的，我们在曼丁戈人库鲁马和富拉尼人莫南博（Monembo）身上都看到了这一点。但我们还可以举另一个地区的智者卡迪玛（Kadima）的例子。面对"为什么某些作家更喜欢谈论一个连接河流两岸的大刚果"这一问题，他回答说："从文化意义讲，这是我们每天都经历的现实，刚果河两岸都有相同的族裔群体。"他还补充道："在我看来，不可能找到恰当的区别特征能让我们说存在着刚果人特点和扎伊尔人特点。"

正如我们所看到的那样，政治边界和代表着语言文化的族裔之间的不一致并非人为制造的，这成为非洲国家的主要困难之一。在这些国家，一个族裔群体会因为与当权者发生交恶，而成群结队地迁移移到另一个邻国。然而，一位出生在几内亚但又避难到马里的马林凯（malinké）族作家并不会因此而认为自己出国了。伊布拉辛马·利（Ibrahima Ly）是马里出生的图库勒尔（Toucouleur）人，他在监狱被囚禁五年，后来定居在塞内加尔，他更愿意称自己为非洲作家。

尽管卡迪玛没有经历过这些坎坷，但他也表示："我被认为是刚果河两岸的诗人，我在两国受到了同样的欢迎。"他因此拒绝在扎伊尔人和刚果人之间进行身份选择。

另一种论点是由最清醒的一批批评家和作家提出的，他们认为：如果有真正意义上的民族文学，它首先是用民族语言表达的文学，也就是口头文学和著作，目前这样的作品在非洲法语国家仍然很少（但在肯尼亚、坦桑尼亚等东非国家却很多）。

然而，在关于民族文学问题的学术讨论会上，人们却对非洲语言避而不谈，更有甚者，专门介绍这些民族文学的选集也被要求使用法语写作……

"健忘症式"的作品选集

因此在现今，人们借推广法语国家文学或者说法语文学的机会，推荐了一些作品，但这些作品都具有如下特点：

第一，剥夺了作家作为非洲黑人的身份。

第二，回避了作品的非洲大陆背景，即非洲的历史和过往。

第三，按照国别来介绍作品，而没有将其与孕育这些作品的文学运动联系起来。

第四，把作品按题目字母顺序排列，甚至不考虑作品之间的等级或亲缘关系。

第五，完全抛弃了口头文学及其主要作品。

第六，介绍作品时对每个国家都按字母顺序排列，因此马提尼克（Martinique）被和马约特（Mayotte）或毛里求斯（Maurice）放到一起，因此塞泽尔与桑戈尔和阿利乌内·迪奥普（塞内加尔）以及圭亚那的达马斯被分开了。这样可能会彻底破坏整个"黑人精神"的探索，比如关于桑戈尔就只有短短几行介绍文字，使得读者不会再在这几行字前停留。

如此，作者的确被推到了前台，但却牺牲了对他们的介绍、解读以及文学史。这真是奇怪的健忘症做法啊！

过去为非洲制作的主题选集也是这样有意回避谈论历史，因为谈及非洲文学史就不免为我们唤起历史本身，以及黑人的历史。这段历史过去是，现在仍然是令西方出版商尴尬的话题。

文学选集和教科书也无法置身于问题之外。有些人试图掩盖将今天新一代非洲作家与他们的前辈联系在一起的历史连续体，他们无异于在重新开启一台在敌对时代被证明有效的知识战争机器。如果说在独立三四十年之后，仍有人试图以新的方式再次瓦解非洲的良知，扼杀非洲母亲的创始神话，那是因为他们仍然对非洲良知与非洲神话心存忌惮……

在法国的高中，人们小心翼翼地保留了非洲文学史——通过拉加德（Lagarde）和米沙尔（Michard）或后来的学者编撰的优秀教科书，然而为什么非洲文学史却在非洲的高中被删除了？

并不是对黑人非洲文学的存在加以否认就有利于实现非洲的统一。我们始终相信，假使所有文学批评家都决定不再谈论非洲文学，那么，这将对非洲的团结产生严重影响，或者会影响人们对于非洲团结的思想认识。

因此，作家们应该撇开外来的批评声音，保持定力，去做非洲母亲的见证人。今天，非洲大陆的民族文学因为政治、经济动荡而脆弱不堪，然而，不管有没有民族文学，第二代马格里布后裔作家都倾向于融入法国文学或"世界"文学。

让我们听听身边这位作家的心声吧。他的学业完全是在塞内加尔完成，受到一个农业发展组织资助出版了自己的作品，他小说中塑造的一位作家这样感叹道："我离开了我的国家，而后又进入了我的国家。在我出生的国家和我的来源国之间没有什么区别，有的只是外国人设置的一些界桩……我们将教他们了解并体会我们非洲母亲的温柔，她是唯一的，也是一个……一个来自同一块土地、有着共同母亲的兄弟联盟。"

正如我们所看到的那样，这神话仍然朝气蓬勃，是作家传播了神话，成为神话忠实的守护者和小说中唯一相信神话的人物。在一个因腐败和个人主义而堕落的社会里，是作家在讲着这种语言，这也许只是乌托邦式的语言，然而乌托邦也意味着希望，它是一个预言：尽管独立梦想已经幻灭，但预言依然安好如初。

当前，欧洲民族和阿拉伯民族都正在寻求联合以加强自身力量，此时否定非洲的文化统一显得多么的荒谬，要知道这是非洲保留下来的唯一的统一，它的建立依靠的是非洲文化协会《非洲存在》杂志以及前两代黑人作家、知识分子的共同努力。

利利安·凯斯特鲁

附录　塞泽尔与桑戈尔的作品

艾梅·塞泽尔的作品

——1935 年　与桑戈尔一道创办《黑人大学生》杂志。

——1939 年　在《意志》杂志（*Volontés*）上发表《返乡笔记》。

——1941 年　与勒内·马尼亚（René Ménilla）一道创办了《热带》（*Tropiques*）杂志（1941—1945）。

——1946 年　出版诗集《神奇的武器》，Gallimard 出版社。

——1947 年　与阿里乌内·迪奥普一道创办了《非洲存在》杂志。

——1948 年　出版《斩首的太阳》，K éditeur 出版社，巴黎。

——1949 年　出版《遗失的尸体》（*Corps perdu*），Fragrances 出版社。

——1950 年　发表《关于殖民主义的讲话》（*Discours sur le colonialisme*），收《非洲存在》杂志。

——1956 年　发表《狗也沉默》的剧作改编版，致莫里斯·多列士（Maurice Thorez）的信，收《非洲存在》杂志。

——1960 年　出版《镣铐》，Seuil 出版社。

——1961 年　出版《土地册》（*Cadastre*）。（《斩首的太阳》和《遗失的尸体》重新上演。）

——1962 年　发表散文《杜桑·卢维杜尔》(*Toussaint Louverture*)，收《非洲存在》杂志。

——1963 年　发表《克里斯托弗国王的悲剧》(戏剧)，收《非洲存在》杂志。

——1967 年　出版《刚果一季》(戏剧)，Seuil 出版社。

——1969 年　出版《一场风暴》(戏剧)，Seuil 出版社。

——1982 年　出版《我，海带……》，Seuil 出版社。

——1984 年　出版《艾梅·塞泽尔，诗歌》(*Aimé Césaire, La Poésie*)。达尼埃尔·马克西曼 (Daniel Maximin) 和吉勒·卡尔旁捷 (Gilles Carpentier) 对他诗作编辑再版，Seuil 出版社。

利奥波德·塞达尔·桑戈尔的作品

——1935 年　与塞泽尔创建《黑人大学生》杂志，发表文章《我们与人道主义：勒内·马朗》(*L'Humanisme et nous, René Maran*)。

——1936 年　发表《入侵埃塞俄比亚》(*L'Invasion de l'Ethiopie*)，写给《示巴的民族呼吁》(*Appel de la race de Saba*)。

——1938 年　在《南方文学》(*Cahiers du Sud*) 发表《致死亡》(*A la mort*) 和《西内之夜》(*Nuit de Sine*)。

——1939 年　发表《纪念》(*In mémoriam*)，收《意志》杂志 (*Volontés*)，第 17 期；《巴黎的雪》(*Neige sur Paris*)，收《构架》杂志 (*Charpentes*)，第 1 期；《致为法国牺牲的塞内加尔步枪兵》(*Aux tirailleurs sénégalais morts pour la France*)，收《意志》杂志，第 20 期；《黑人的贡献》，收作品集《有色人种》(*L'Homme de couleur*)，Plon 出版社。

——1943 年　发表《沃洛夫语名词围猎》(*Chasses nominales*

en wolof），收《非洲社会笔记杂志》（Journal de la société des africanistes），第 13 卷。

——1944 年　发表《谢列尔语的声乐和声》（Harmonie vocalique en sérère），收《非洲社会笔记》杂志，第 14 卷。

——1945 年　出版《幽灵之歌》，Seuil 出版社。

——1947 年　与阿里乌内·迪奥普一起创办《非洲存在》杂志，发表《沃洛夫语的连词冠词》（Article conjonctif en wolof），收《非洲社会笔记》杂志，第 17 卷。

——1948 年　出版《黑色的祭品》，Seuil 出版社。出版《黑人和马达加斯加新诗歌选集》，让-保罗·萨特撰写前言《黑色的俄而普斯》（Orphée noir），PUF 出版社。

——1949 年　出版《致纳埃特的歌》（Chants pour Naëtt），P. Seghers 出版社。

——1953 年　与阿布杜拉耶·萨吉（Abdoulaye Sadji）合作，出版《兔子勒克的美丽故事》（La Belle Histoire de Leuk-le-Lièvre），Edicef 出版社。

——1956 年　出版《埃塞俄比亚人诗选》（Ethiopiques），Seuil 出版社。

——1959 年　出版《社会主义的非洲民族与道路》（Nation et voie africaine du socialisme），收《自由 II》（Liberté II），Seuil 出版社。

——1961 年　出版《夜歌集》（Nocturnes），Seuil 出版社。

——1964 年　出版《自由 I》，Seuil 出版社。

——1973 年　出版《热带雨林信札》（Lettres d'hivernage），沙伽尔（Chagall）设计插图，Seuil 出版社。

——1974 年　出版《诗歌集》（Poèmes），收集了《幽灵之歌》《黑色的祭品》《埃塞俄比亚人诗选》《夜歌集》《热带雨林信札》

等作品，Seuil 出版社。

——1977 年　《自由Ⅲ》（*Liberté* Ⅲ），Seuil 出版社。

——1979 年　出版《主哀歌》（*Elégies majeures*），Seuil 出版社。

——1980 年　出版《行动的诗歌》（*La poésie de l'action*），自传体，Stock 出版社。

——1982 年　发表《致菲利普-马吉朗的哀歌》（*Elégie pour Philippe-Maguilen*）。

——1984 年　出版《自由Ⅳ》（*Liberté* Ⅳ），Seuil 出版社。

——1985 年　出版《自由Ⅴ》（*Liberté* Ⅴ），Seuil 出版社。

资　　料

人物西汉对应

（主要参考《法语姓名译名手册》）

A

Abrahams, Peter　彼得·亚伯拉罕
Achebe, Chinua　希努阿·阿谢贝
Adotevi, Stanislas　斯坦尼斯拉斯·阿多特维
Akoto, Paul　保罗·阿科托
Albouy, R.　R. 阿尔布伊
Alexis, Stephen　斯特凡·亚历克西
Alleg, Henri　亨利·阿莱格
de Almeida, Lilian Pestre　利利安·佩斯特·德·阿尔梅达
Anselin　安瑟兰
Apithy　阿皮蒂
d'Aquitaine, Guillaume　纪尧姆·达基坦
Arbousier　阿尔布西耶
Arp, Hans　汉斯·阿普
Arabi, Ibn　伊本·阿拉比
Armah, Ayi Kwei　阿伊·科维·阿尔玛

Artaud　阿尔托

d'Astorg, Bertrand　贝特朗·达斯托尔

Attuly, Lionel　莱昂内尔·阿蒂利

Aupiais, R. P.　R. P. 奥皮艾

Autra, Ray　雷·奥特拉

B

Ba, Hampate　汉帕特·巴

Ba, Mariama　玛丽亚玛·巴

Badral, Sira　希拉·巴德拉尔

Bai, Mamadou Souley　马马杜·苏莱·贝

Balandier　巴朗迪耶

Baldwin, James　詹姆斯·鲍德温

de Barbézieux, Rigaut　里戈·德·巴伯齐厄

Bastide, Roger　罗歇·巴斯蒂德

Baudelaire　波德莱尔

Bauman　鲍曼

Bazin, René　勒内·巴赞

Behanzin　贝汉津

Belborg　贝尔宝

Belinga　贝兰加

Belance, René　勒内·贝朗斯

Bemba, Ba　巴·本巴

Bénot, Yves　伊夫·贝诺

Bernabé, Jean　让·贝尔纳贝

Bessard, Véronique　维罗尼克·贝萨尔

Beti, Mongo　蒙戈·贝蒂

Biancotti　比安科蒂

Blixen, Karen　凯伦·布利克森

Boigny, Houphouët　乌弗埃·博瓦尼

de Bomeil, Guiraud　吉罗·德·德伯美尔

Boni, Tanella　塔内拉·博尼

Bosquet, Alain　阿兰·博斯凯

Boukman　布克曼

Bourdieu, Pierre　皮埃尔·布迪厄

Bourguiba　布尔吉巴

Brancusi　布朗库西

Braque　布拉克

Breton, André　安德烈·布雷东

Brierre　布里埃

Brièrre, Jean-François　弗朗索瓦·布里埃

Brunel, Pierre　皮埃尔·布吕内尔

Brutus, Denis　德尼·布鲁图斯

Bugul, Ken　肯·布古尔

Buis, Georges　乔治·比伊

C

Caillois, R.　R. 凯卢瓦

Carrère　卡雷尔

des Cars, Guy　居伊·德·卡尔

Cendrars　森德拉斯

Cézanne　塞尚

Chamoiseau, Georges　乔治·沙穆瓦佐

Chamoiseau, Patrick　帕特里克·沙穆瓦佐

de Chardin, Teilhard　泰亚尔·德·夏尔丹
Char, René　勒内·沙尔
Chemain, Roger　罗歇·舍曼
Chenet　舍内
Chenêt, Gérard　热拉尔·舍奈
Chénier, André　安德烈·舍尼埃
Chemain, Arlette　阿莱特·舍曼
Chikaya　希卡亚
Chirico　希尔科
Christophe　克里斯托弗
Claudel, Paul　保罗·克洛代尔
Clavel, Maurice　莫里斯·克拉维尔
Condé, Maryse　玛丽斯·孔戴
Confiant, Raphaël　拉斐尔·孔菲昂
Corbin　科尔班
Corenthin　科朗坦
Coulibaly, Ouezzin　维赞·库利巴利
Cousturier, Lucie　露西·库斯蒂里耶

D
Dadié, Bernard　贝尔纳·达迪耶
Dakeyo, Paul　保罗·达克约
Dali　达利
Damas, Léon　雷翁·达马斯
Daniel, Arnaud　阿尔诺·达尼埃尔
Davidson, Basil　巴西尔·戴维德森
Debray, R.　R. 德布雷

Degas　德加

Delafosse　德拉福斯

Deleuze, G.　G. 德勒兹

Delgrès, Louis　路易·德尔格莱

Denise　丹尼丝

Depestre, René　勒内·德佩斯特

Derain　德兰

Dervain　德尔万

Desnos　德斯诺斯

Desportes　德波特

Dessalines, Jean-Jacques　让-雅克·德萨林

Dia, Hamidou　哈米杜·迪亚

Dia, Mamadou　马马杜·迪亚

Diabaté, Magan　马冈·迪亚巴特

Diagne, Blaise　布莱斯·迪亚涅

Diagne, Mapate　马帕特·迪亚涅

Diakhaté, Lamine　拉明·迪亚卡特

Diallo, Nafissatou　纳菲萨图·迪亚洛

Dieng, Aly　阿利·迪安

Dieng, Bassirou　巴西鲁·迪安

Dieng, Marne Younousse　马尔纳·尤努斯·迪安

Dimbokro　丁博克罗

Dione, Abasse　阿巴斯·迪奥纳

Dione, Salif　萨利夫·迪奥纳

Diop, Alioune　阿里乌内·迪奥普

Diop, Birago　比拉戈·迪奥普

Diop, Boris　鲍里斯·迪奥普

Diop, Cheikh Anta　谢赫·安塔·迪奥普

Diop, David　大卫·迪奥普

Diop-Maes, Louise Marie　路易丝·玛丽·迪奥普–马埃斯

Diori　迪奥里

Diouf, Abdou　阿卜杜·迪乌夫

Diouf, Bara　巴拉·迪乌夫

Diouf, Madior　马迪奥尔·迪乌夫

Domenach, J. M.　J. M. 多梅纳克

Domi, Serge　塞尔日·多米

Dongala　东加拉

Dorsinville, Roger　罗歇·多桑维尔

Doubrovsky, Serge　塞尔日·杜布罗夫斯基

Dracius, S.　S. 德拉西于斯

Du Bois, W. E. B.　W. E. B. 杜波伊斯

Durand, Gilbert　吉尔贝·迪朗

Duvignaud, Jean　让·迪维尼奥

E

Ebony　埃博尼

Eboué, Félix　费利克斯·埃布埃

Ekwensi, Cyprian　希普里安·埃克温斯

Epanya, E.　E. 埃潘亚

Ernst, Max　马克斯·恩斯特

F

Fagunwa　法古恩瓦

Fall, Aminata Sow　阿米纳塔·索·法尔

Fanon, Frantz　弗朗茨·法农

Fantouré　范图雷

Farah, Nourredine　努莱蒂娜·法拉

Faye, Amade　阿玛德·法耶

Fougeyrollas　富热罗拉

Frankétienne　弗朗凯蒂安

Frobenius　弗罗贝纽斯

G

Garcin, Jérôme　杰罗姆·加尔桑

Garvey, Marcus　马尔库斯·加尔维

Garrot, Daniel　达尼埃尔·加罗

Gauguin　高更

Gelowar　热洛瓦

Genet, Jean　让·热内

Gibran, Khalil　哈利勒·纪伯伦

Giono　吉奥诺

Giraud, P.　P. 吉罗

Glissant　格里桑

Gobineau　戈比诺

Gounongbé, A.　A. 古农贝

Goyémidé, E.　E. 戈耶米戴

Grand-Bassam　大巴萨姆

Gratiant, Gilbert　吉尔贝·格拉蒂安

Gravrand　格拉夫朗

Green, Julien　朱利安·格林

Griaule, Marcel　马塞尔·格里奥尔

Groddeck　格罗德克

Guégane, Jacques　雅克·盖加尼

Gueye, Lamine　拉明·盖伊

Guillen, Nicolas　尼古拉斯·吉伦

H

Haley, Alex　阿莱克斯·海利

Hane, Kadi　卡迪·哈纳

Hardy　阿迪

Hausser, Michel　米歇尔·奥塞

Hébert, Anne　安娜·埃贝尔

Hénane, René　勒内·埃纳内

Hérédia　埃雷迪亚

Hermine　埃尔米娜

Hountondji, P.　P. 乌通吉

Huannou, A.　A. 瓦努

I

Ionesco, Eugène　欧仁·尤奈斯库

J

Jacqueline　雅克利娜

Jeanson, Francis　弗朗西斯·让松

Jeffreys　杰弗里

Jelloun, Ben　本·热鲁恩

Joachim, Paulin　保兰·若阿基姆

Jones, Leroi　勒鲁瓦·琼斯

Jordan, Raimon　雷蒙·若尔丹

Jorif　若里夫

Jouamny　茹阿穆尼

Juminer, Bertène　贝尔特纳·朱米耶

K

Kabunke　卡本科

Kaïredine　卡伊莱蒂纳

Kane, Abdoulaye　阿布杜拉耶·凯恩

Kane, Cheikh Hamidou　谢赫·哈米杜·凯恩

Kane, Mohamadou　莫哈马杜·凯恩

Kardiner　卡尔迪内

Kashamura　卡沙穆拉

Keïta, Modibo　莫迪博·凯塔

Kenyatta　肯雅塔

Klee, Paul　保罗·克利

Klein, Pierre　皮埃尔·克莱因

Kom, Ambroise　安布鲁瓦兹·科姆

Kotchy, B.　B. 科齐

Kourouma, Ahmadou　艾哈迈杜·库鲁马

Kundera, Milan　米兰·昆德拉

Kunene　库内内

Kuoh, Sengat　桑加特·库沃

L

Lagarde　拉加德

Laleau, Léon　莱昂·拉洛

Lalouse 拉卢兹

Lam, Wifredo 维弗雷多·拉姆

Lamine, Ngaïde 恩加伊德·拉明

Lecock 勒科克

Ledoiron 勒杜瓦隆

Léger, Fernand 费尔南·莱热

Leiris, Michel 米歇尔·莱里斯

Leiner, Jacqueline 雅克利娜·莱内

Lemoine 勒姆瓦纳

Leroux F. F. 勒鲁

Lévi-Strauss, Claude 克洛德·列维-斯特劳斯

Lierde, Jean Van 让·范·里尔德

Lindfors, B. B. 兰德佛尔

Lisette 莉塞特

de Lisle, Leconte 勒孔特·德·德利勒

Locke, Alan 阿朗·洛克

Londres, Albert 阿尔贝·隆德勒

Lopes, Henri 亨利·洛普

Loutard, Tati 塔蒂·卢塔尔

Lumumba 卢蒙巴

Ly, Amadou 阿马杜·利

Ly, Ibrahima 伊布拉辛马·利

M

Maalouf, Amin 阿明·马鲁夫

Mabankou 马班库

Maeterlinck 梅特林克

Marquet, Madeleine　玛德莱娜·马凯

Maïakovski　马雅可夫斯基

Maillol, Aristide　阿里斯蒂德·马约尔

Maldoror, Sara　萨拉·马尔多罗

Mallarmé　马拉美

Mannoni, O.　O. 马诺尼

Maran, René　勒内·马朗

Massignon, Louis　路易·马西尼翁

Mateso, Locha　罗沙·马特索

Matisse　马蒂斯

Maunick, Edouard　爱德华·莫尼克

Mauron, Charles　夏尔·莫龙

Maximin　马克西曼

Mbaye, Joseph　约瑟夫·姆巴耶

Mbokololo, Elikia　埃里卡·姆博科洛洛

Mead, M.　M. 米德

Médéhouan　梅代胡安

Medou, Djemba　迪让巴·梅杜

Melone　梅隆

Memmi, Albert　阿尔贝·梅米

Menga, Guy　居伊·门加

Meschonnic, Henri　亨利·梅肖尼克

Metellus　梅特鲁斯

Meyrand　梅朗

Miano, Léonora　莱奥诺拉·米亚诺

Michard　米沙尔

Millet　米勒

Mireille　米雷耶

Miro　米罗

Molinié, Goerges　乔治·莫里尼耶

Monchoachi　蒙乔阿奇

Monénembo　莫内南博

Mounier, E.　E. 穆尼耶

Mounié, G.　G. 穆尼耶

Mouralis　穆拉利斯

Mphalele　姆帕雷雷

Mudimbe, V. Y.　V. Y. 米丹布

Munro, Martin　马丁·蒙罗

Musil, Robert　罗贝尔·米西尔

Mveng, Engelbert　昂热尔贝·姆旺

N

Naëtt　娜特

Nanga, Bernard　贝尔纳·南加

Nantet　南泰

Ndao, Cheikh Aliou　谢赫·阿利乌·恩道

Ndao, Cheikh　谢赫·恩道

Ndaw, Alassane　阿拉萨纳·恩道

Ndiaye, Marône　马洛娜·恩迪亚耶

Ndiaye, Raphaël　拉斐尔·恩迪亚耶

Ndoffène, Koumba　库穆巴·恩多非纳

Ndour, Youssou　尤索·恩多尔

Neruda　聂鲁达

Nestopoulos　内斯托普洛

Ngal, Georges 乔治·恩加尔

Ngugi, James 詹姆斯·恩古吉

Niger, Paul 保罗·尼日尔

Nimrod 尼姆罗德

Nkashama, Ngandu 恩甘杜·恩卡沙马

Nkrumah, Kwame 克瓦米·恩克鲁玛

Nokan 诺坎

Nzuji, Kadima 卡迪玛·恩祖吉

O

Obenga 奥本加

Ogun 奥贡

Olorun 奥罗伦

Olympio 奥林匹奥

d'Orange, Raimbaut 兰博·道朗热

Orville 奥维尔

Ousmane, Sembene 塞姆贝纳·乌斯马纳

Oyono 奥约诺

P

Padmore 帕德莫尔

Pagnol 帕尼奥尔

Patient, Serge 塞尔日·帕蒂安

Patrice 帕特里斯

Péguy, Charles 夏尔·佩吉

Pennon, Elie 埃利·佩农

Perse, Saint John 圣约翰·珀斯

Philombe　菲隆博

Pichi, Walter　瓦尔特·皮希

Ponamah　波纳马

Prévert, Jacques　普雷维尔

Price-Mars　普里斯－马尔斯

Prospero　普洛斯佩罗

Prudent　普吕当

Q

Quenum, Olympe Bhely　奥兰普·贝利·克努姆

R

Rabearivelo　拉贝阿利维洛

Rabemananjara, Jacques　雅克·拉贝马南贾拉

Ranaivo, F.　F. 拉奈沃

Raseta　拉塞塔

Ray, Jean　让·雷

Relouzat　勒鲁扎

Reverdy, Pierre　勒韦迪

Ricard, Alain　阿兰·里卡尔

Richard, J. P.　J. P. 里夏尔

Rimbaud, Arthur　阿蒂尔·兰波

Roubaud, J.　J. 鲁博

de Rougemont, Denis　德尼·德·鲁热蒙

Roumain, Jacques　雅克·鲁曼

Rowell, C.　C. 罗威尔

Ruffié, Jacques　雅克·鲁菲耶

Ruscio, Alain 阿兰·鲁西奥

S

Sadji, Abdoulaye 阿卜杜拉耶·萨吉
Sali, Babacar 巴巴卡尔·萨利
Sali, Lamine 拉明·萨利
Sali, Lbrahima 勒布拉伊马·萨利
Samb, Mamadou 马马杜·桑布
Sassine, Williams 威廉姆斯·萨辛
Sayed, A. A.赛义德
Schoelcher, Victor 维克多·舍勒歇尔
Seck, Douta 杜塔·塞克
Senghor, Basile 巴西尔·桑戈尔
Serpos, Tidjani 蒂加尼·塞尔普
Seurat 瑟拉
Sevry, Jean 让·塞夫利
Shango 闪格
Sine, Doud 杜·西内
Sissoko, Fily Dabo 菲利·达博·西索科
Sorano, Daniel 达尼埃尔·索拉诺
Sorel, Jacqueline 雅克利娜·索雷尔
Soukeina 苏凯娜
Soupault, Philippe 苏波
Soyinka, Wole 沃莱·索因卡
Sow, Fara 法拉·索
Sow, Fatou Ndiaye 法图·恩迪亚耶·索
Steins 斯坦斯

Stoetzel　斯托泽尔

Surena　苏莱娜

T

Tadjo, Véronique　维罗尼克·塔德约

Tanguy　唐吉

Tansi, Sony Labou　索尼·拉布·唐斯

Tati　塔蒂

Tchikaya　奇卡亚

Tchiyaya　奇亚亚

Tempels, Placide　普拉西德·唐佩尔

Tétu, Michel　米歇尔·泰图

Thiam, Saxür　萨克叙尔·蒂亚姆

Thiandoum　蒂昂杜姆

Thiong'o, Ngugi wa　恩古吉·瓦·蒂雍戈

Tillot, Renée　勒妮·蒂洛

Tirolien, Guy　居伊·蒂洛里安

Titinga　蒂坦伽

Towa, Marcien　马西安·托瓦

Toumson, Roger　罗杰·图姆森

Touré, Sékou　塞库·图雷

de Troyes, Chrétien　克雷蒂安·德·特鲁亚

Tutuola　图托拉

Tzara, Tristan　特里斯坦·查拉

V

Vaillant, Janet　雅内·瓦扬

Valéry, Paul　瓦雷里

Valmore　瓦尔莫尔

de Ventadour, Bernard　贝尔纳·德·旺塔杜尔

Verlaine　魏尔伦

Vian, Boris　鲍里斯·维安

Vignondé　维尼翁戴

Viltord　维尔托

W

Wabéri　瓦贝里

Wade　韦德

Walker, Keith　凯特·沃克

Washington, Booker T.　布克 T. 华盛顿

Westermann　韦斯特曼

Whitman, Walt　沃尔特·惠特曼

Wright, Richard　里夏尔·赖特

Y

Yacine, Kateb　卡特布·亚辛尼

Yemanja　耶曼佳

Z

Zabus, Chantal　尚塔尔·扎布

Zadi　扎迪

Zobel, Joseph　约瑟夫·佐贝尔